臺灣歷史與文化 研究輯刊

十九編

第 10 冊

日治時期臺灣奉安設備之研究

賴怡慈 著

花木蘭文化事業有限公司

國家圖書館出版品預行編目資料

日治時期臺灣奉安設備之研究／賴怡慈 著 -- 初版 -- 新北市：
花木蘭文化事業有限公司，2021〔民110〕
目 6+186 面；19×26 公分
（臺灣歷史與文化研究輯刊十九編；第 10 冊）
ISBN 978-986-518-458-2（精裝）
1. 文物研究 2. 日據時期
733.08   110000675

ISBN-978-986-518-458-2

9 789865 184582

臺灣歷史與文化研究輯刊
十九編　第 十 冊   ISBN：978-986-518-458-2

日治時期臺灣奉安設備之研究

作　　者　賴怡慈
總 編 輯　杜潔祥
副總編輯　楊嘉樂
編　　輯　許郁翎、張雅淋　美術編輯　陳逸婷
出　　版　花木蘭文化事業有限公司
發 行 人　高小娟
聯絡地址　235　新北市中和區中安街七二號十三樓
　　　　　電話：02-2923-1455 ／傳真：02-2923-1452
網　　址　http://www.huamulan.tw 信箱　service@huamulans.com
印　　刷　普羅文化出版廣告事業
初　　版　2021 年 3 月
全書字數　102711 字
定　　價　十九編 23 冊（精裝）台幣 60,000 元

日治時期臺灣奉安設備之研究

賴怡慈　著

作者簡介

賴怡慈，於東海大學歷史系時開始接觸文化資產，進一步取得逢甲大學歷史與文物研究所碩士學位，並持續執行文化資產普查、調查研究，及後續再利用等計畫，以發掘更多文化價值讓社會大眾所認識為方向。目前任職於逢甲大學文化資產與文物保存研究中心。

提　　要

　　現今對於日本天皇崇敬之地位，是為明治維新後，為建立凝聚人民認同下，所極力從新塑造之延續。

　　在日治時期臺灣，學校內可看到教育敕語謄本、御真影、奉安設備或空間等建構天皇神聖性的媒介。御真影為天皇皇后肖像，教育敕語是內閣以天皇知名發表對於教育的話語，奉安設備或空間則是保護與天皇有關物件的專屬設置。進一步比對文獻資料，臺灣學校內的敕語謄本與御真影的下賜狀況，並沒有《臺灣教育沿革誌》中所說的全臺學校皆有，而是依是否有準備奉安設備或空間等為下賜依據；另一部分，針對奉安設備或空間等形制進行梳理，從圖像學理論與類型學分析其形制外觀的含意，得出依保護的物件而有所不同的設置狀況，敕語謄本的保護多數使用單開奉安庫，御真影的保護則是更慎重以待。實際的下賜與奉安還是依各學校之能力有關，各學校亦會透過寄附、募資等方式盡可能地準備奉安設備或空間。

　　透過對於下賜、奉安過程、日常安排及特定節日的儀式行為等，以及奉安設備或空間的設置分析，進而釐清當時致力於天皇的神聖性建構，以及認同塑造等的操作方式。

誌　謝

轉眼間，論文已完成即將付梓，期間有賴於歷史與文物研究所的老師們在課業上的悉心教誨、嚴格要求與鼓勵，給予觀念上的啟發與指導，得以在三年的研究所時間內點滴累積了許多知識，進而啟迪了學生許多對於研究的思維。

尤其是恩師李建緯教授，提點了許多值得思考的研究方向，繁忙之際不忘協助學生收集研究題材，同時提供了良好的研究環境與資源，並不時督促完成論文撰寫，在此謹致上最高敬意與謝忱。

再者，感謝擔任本論文口試委員的國立臺南藝術大學的盧泰康教授與國立成功大學謝仕淵副教授，對此文提供寶貴意見，使論文架構可以更加完善，特此致上最深感謝。

其次，在校期間銘謝辦公室馨慧助教的支援，碩士班同學們的砥礪，學長姐的協助，以及朋友的鼓勵。讓我在迷茫、辛苦或疲憊的過程，從中得以舒緩緊湊的撰寫壓力，得以順利的完成論文。

三年的研究所生涯，光陰荏苒，所要感謝的人之多，不及備載，謹以此碩士論文獻給我的家人，再次銘謝每位曾經支持、鼓勵、幫助過我的人，並期許自己謙虛其心，勤勉向學，用心生活，用心做事，回饋社會。

賴怡慈　謹致

逢甲大學 歷史與文物研究所

中華民國一零八年九月

目

次

圖目錄

表目錄

第一章 緒 論

　　近年隨著文資局推動文物普查與暫行分級，各行政區、公有機關構與私法人團體皆紛紛的執行計畫案，其中以苗栗縣全境的三期文物普查計畫中普查有近十件的奉安庫，單一縣市就有如此數量的奉安庫，超乎一般對於奉安庫具稀少性的概念，也呈現目前對於此物件仍處在片面的認識。

第一節　研究背景

　　奉安庫目前可確定與日治時期的教育敕語與御真影有密切關聯。就教育史研究，常把教育敕語與御真影視為皇民養成的一環，但是綜觀日本明治維新後的政治發展，教育敕語與御真影應只是明治政府在施行眾多天皇神聖化措施之一與媒介，就如同明治天皇六大行幸，讓傳統上不輕易露面的天皇，不時的出現在國民的視野範圍內。後續，同時為求其安全，還需準備相關的保全設備與措施來保管教育敕語與御真影等分身。

　　實際上，明治維新後高度強調皇國思想是在昭和 10 年（1935）天皇機關說事件〔註1〕之後，統治權歸屬於國家法人此一說法開始受到抑制，並於二二

〔註1〕大正 1 年（1921）美濃部達吉發表《憲法講話》提出「天皇機關說」，主張國家為法人，日本天皇是國家行使統治權的機關，為大正民主的理論支柱之一。昭和 10 年（1935）右翼與軍方勢力發起「國體明徵運動」，陸軍中將菊池武夫批評天皇機關說違背了大日本帝國憲法，展開一連串針對美濃部達吉及其學說的打壓動作，內閣禁止美濃部達吉的書籍出版，被稱為「天皇機關說事件」，內閣並發表聲明，強調天皇萬世一系、擁有國家統治大權的主體。

六事件之後軍部掌握日本內閣〔註2〕。昭和年間的政治氛圍，如同早川忠典所提到為「神靈附體」的日本〔註3〕，展開極其誇張與強力的文案宣傳。故在此一極端的宣傳之前，教育敕語與御真影應是日本當時養成國民與培養國家認同過程中使用之媒介物。

　　學校沿革或教育史研究中，往往都會提到在學校內會有一件用於保護教育敕語跟御真影的保險櫃，大致稱為奉安庫，源由於保險櫃上多有「奉安」二字。依日本大辭林對於「奉安」釋義：「將貴重、高貴的物品小心謹慎地安置」〔註4〕的意思。但是此物件的相關研究僅見於台灣部份的教育史研究、《臺灣教育沿革誌》〔註5〕及耆老口述等，不過從近年的文物普查成果，可發現還有不少的奉安庫都還尚存於學校內。

　　此外除了教育層面，在虎尾合同廳舍、新港奉天宮與原臺南地方法院等也都可見到奉安設備，故對奉安庫仍有進一步的整理分析之空間，本研究嘗試跳脫教育史研究範疇，說明教育敕語、御真影及奉安庫等的設置狀況，並梳理出臺灣的狀況。

第二節　問題意識

　　近年來隨著政府對於文化資產的普查、研究、再利用等一系列的推動，各縣市持續提出古物類文化資產的計畫案。研究標的為教育文物的相關計畫，分別有 2018 年〈屏東縣第一階段文物普查專案管理計畫〉、〈106～107 年苗栗縣建校百年以上學校文物普查建檔計畫〉、〈106～107 年花蓮縣教育機構文

〔註2〕起初是為了制衡文官勢力，而確定了軍部大臣現役武官制，規定內閣成員中的陸、海軍大臣須是現役武官的大將或中將，而且對天皇負責。但是此一制度亦多次讓內閣維持困難，以及難以擺脫軍部勢力，並於大正年間修訂限縮軍部的政治勢力。但是之後因軍部派系而展開的政變「二二六事件」，恢復軍部大臣現役武官制，軍部藉此機會控制內閣，加速了日本的軍國主義。

〔註3〕早川忠典著，鳳氣至純平、許倍榕譯，《神國日本荒謬的決戰生活：一切都是為了勝利！文宣與雜誌如何為戰爭服務？大東亞戰爭下日本的真實生活》，臺北：遠足文化，2018。

〔註4〕コトバンク〔時事問題、ニュースもわかるネット百科事典〕，https://kotobank.jp/word/%E5%A5%89%E5%AE%89-626999#E5.A4.A7.E8.BE.9E.E6.9E.97.20.E7.AC.AC.E4.B8.89.E7.89.88，瀏覽時間：2018 年 5 月 28 日。

〔註5〕財團法人教育會、許錫慶譯注，《臺灣教育沿革誌（中譯本）》，南投：國史館臺灣文獻館，2010。

物普查建檔暨奉安庫調查研究計畫〉、〈臺北市公立學校文物普查計畫〉、〈106年度臺中市日治時期中小學文物普查計畫〉等等，顯示學校內文化資產日漸受到注目。

又如，國立臺灣歷史博物針對其館藏的畢業紀念冊，推動「臺灣近代教育相關史料文物整理詮釋計畫」，由國立臺灣師範大學臺灣史研究所執行（計畫主持人：許佩賢），並將其史料資源數位化，建置「校園生活記憶庫」。

國立臺灣歷史博物館於 2018 年 11 月 01 日至 2019 年 04 月 14 日開設「上學去──臺灣近代教育特展」，更在 2019 年 1 月 19 日召開臺灣教育史國際學術研討會，依第一手教育文書史料、校園生活及學校物質等議題，來討論近代教育與臺灣社會之間人、事、物的交織運作。

高雄市立歷史博館則是於 2019 年 4 月 3 日至 2019 年 9 月 15 日推出「臺灣教育典藏展@高雄」，呈現高雄地區的教育發展與時代變遷下學校內的變化。

除了對學校教育類文化資產的整理外，博物館也開始重塑各時代的學校記憶。對於教育類文化資產的重視，不論是建物以外的有形文化資產，如教具、課本、校園環境等等，還是對於不同時代學校的定義與形式格局的變化，在啟蒙教育發展外，開始建構在各時代背景下教育空間與物件所留下的世代經驗與共同記憶。

圖 1：國立臺灣歷史博物館與高雄市立歷史博物館的教育特展

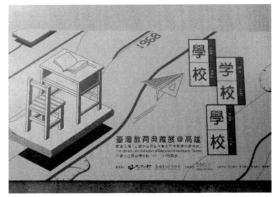

（圖版筆者自行拍攝）

目前僅從教育史研究中知道奉安設備是用來保護教育敕語與御真影的設備，但是台灣的教育敕語、御真影實際的下賜狀況如何？奉安設備的設置狀況又是如何？奉安設備的使用是否有相關細目規範？教育敕語、御真影與奉

安設備是否為連動性連結？

　　從目前可以打開的奉安庫中，像士林國小奉安庫、國立臺灣師範大學日治時期講堂的奉安庫、新化小學校奉安殿等，內部都未見到教育敕語與御真影。而三義建中國小奉安殿的內部空間則是修復復原而成，不便與日治時代的實際使用狀況相比。

　　另，就已知的虎尾合同廳舍、原臺南地方法院，可以推測奉安庫並非專門設置在學校內，且也並非只用來保管教育敕語、御真影等，從新港奉天宮奉安庫，知道還有保護天皇壽牌之使用。

　　透過此研究之蒐集、整理全臺可知的奉安設備資料，加以梳理，進而了解下賜與設置所呈現的差異性，更初步探討奉安設備在感官上是否對於所奉安的物件有賦予何種性質，嘗試得出較具整體性、具文物研究角度的奉安設備研究。

第三節　研究限制

　　時間、地點是此研究中最困難且不易填補的缺口。目前已知學校為教育敕語下賜的特定單位之一，但是何時下賜？《臺灣教育沿革誌》內僅概述的說明下賜給「全臺」，從《臺灣日日新報》來看也是僅有部分學校名單。實際有哪些學校得有下賜，除了文獻上的名單，其他資料還有既存文獻、文物、校史紀錄等，不易查證。且，戰後不少學校皆被廢校，校名也多有更改或是遷校、併校等狀況，並從校史專輯來看，多數學校對日治時期發展也少有描述。

　　另外，對於本研究中所述的敕語下賜僅限於教育敕語。除了教育敕語外，還有類似性質如大正 12 年（1923）國民精神相關詔書、昭和 14 年（1939）青少年相關話語等等的敕語，推測可能都有進行保護。

第四節　研究方法與架構

　　透過資料蒐集、整合並分類，運用類型學、圖像學，分析設備形制與使用紋飾，了解奉安設備所要表現不同於與一般金庫的獨特性，呈現出文物研究下的奉安設備與時代、社會變遷下的互動。

（一）文獻整理

文獻整理的部分可概分為第一手的日治時期文獻資料與《臺灣日日新報》〔註6〕，介於第一手與第二手之間的技術報告，第二手的專書、期刊，第三手的網路資料等。並透過第一、第二、第三手的資料之間互相參照，整合爬梳日治時期與現代尚存的奉安設備資訊。

因資料來源跨幅甚大，日治時期文獻資料主要採用電子資料庫來檢索收集，有中央研究院所建構的「臺灣史檔案資源系統」〔註7〕、「臺灣研究古籍資料庫」〔註8〕、國立臺灣歷史博物館「校園生活記憶庫」〔註9〕、國家圖書館「臺灣記憶」〔註10〕、臺灣文獻館「臺灣總督府檔案」〔註11〕等，還有採用漢珍版《臺灣日日新報》。另外，使用國家教育研究院「百年老校」〔註12〕，參閱每間百年學校的校史專輯，爬梳出各校的狀況。

文獻提供部分論述資訊，圖像則是補充文獻的畫面。故圖像的梳理也是本次研究中重要一環，除了收集上述資料庫內的文字資料外，各個資料庫的館藏、出版品、新聞報導和網路資訊等的圖像照片，也將一併收羅整理，透過圖像了解奉安設備的外觀、特徵、配件及位置等更細緻的空間資訊。

（二）歷史背景爬梳

日本天皇自古因被認為是神的後裔，甚少離開京都行幸，為了宣傳新政權歸於天皇以及新政府的到來，欲透過行幸與神社興建等天皇的可視化操作，建構對天皇神聖與尊貴性的認知，宣示天皇與政府對於新政權的掌握，而奉安物件、設備及儀式等就是在此一特殊氛圍中出現。

概述出現在學校中的教育敕語與御真影的產生過程外，並從各文獻資料中梳理出敕語謄本與御真影的下賜前置準備、到台灣後奉迎到各下賜單位的過程、日常整備的安排，以及台灣的下賜狀況，並提出下賜所需準備的奉安

〔註6〕臺灣日日新報（漢珍版），http://p81-tbmc.nlpi.edu.tw.eproxy.nlpi.edu.tw:2048/
〔註7〕中央研究院臺灣史研究所「臺灣史檔案資源系統」，http://tais.ith.sinica.edu.tw/sinicafrsFront/index.jsp
〔註8〕中央研究院臺灣史研究所「臺灣研究古籍資料庫」，http://rarebooks.ith.sinica.edu.tw/sinicafrsFront99/index.htm
〔註9〕國立台灣歷史博物館「校園生活記憶庫」，https://school.nmth.gov.tw/index
〔註10〕國家圖書館「臺灣記憶」，http://memory.ncl.edu.tw/tm_cgi/hypage.cgi
〔註11〕國史館臺灣文獻館「臺灣總督府檔案」，http://ds3.th.gov.tw/ds3/app000/
〔註12〕國家教育研究院「百年老校」，http://school.naer.edu.tw/book.php?page_id=8

設備或空間的費用狀況。

（三）製作清冊

進行資料及網路資料檢索的彙整，以及歷史背景的爬梳後，依日治時期五州三廳（1920～1945）的行政區劃，將所得資料一一排列，建立已知的奉安設備或其空間清冊。

（四）交叉比對

透過清冊，將資訊所得的資料來源相互比對分析，對於所得的單位也分別爬梳各自的創立年代、下賜物件與時間、奉安設備或空間設置時間、費用，以及資料來源等等，補充各單位的奉安資訊，推論出可能的奉安狀況。

（五）文獻圖照檢視

對於實體或圖像表現的奉安設備，第一眼的就是在形制上的不同，有金庫形制的、建物附屬空間及獨立建物等不同呈現。此外，在設備形制上還有參考日本的傳統建築形式，進而理解奉安對於採用其建築形制的原因，以及其奉安的規劃等，理解在「奉安」上所呈現的特殊性。

再者，對於形制上的圖像進行識別，透過類型學〔註 13〕的排列可以知道其圖像表現的一致性與細部特徵。索緒爾（Ferdinand de Saussure，1857～1913）的二元符號理論，符碼是各有表面和代表的兩個意義，且兩者是無意義的聯繫關係。〔註 14〕為了在深度理解其圖像使用的意涵，依潘諾夫斯基的圖像學，觀察圖像的形式外觀，從文獻資料了解圖像在不同時代背景下的演變脈絡，再來進一步與時代背景結合，提出圖像所要表達的文化象徵。

（六）歷史文化脈絡詮釋〔註 15〕

透過對於形制與圖像的分析，進而將奉安設備與人、事、時、地、物等等依序組合，梳理出各種形制的奉安設備所凸顯的差異性，跳脫單一的研究

〔註 13〕李建緯等，《文物普查與暫行分級作業手冊》，臺中：文化部文化資產局，2018，頁 146～149。

〔註 14〕李建緯，〈符號學是什麼？從藝術作品談起〉，《暨大電子雜誌》，第 40 期，2006 年 5 月，頁 3～6。

〔註 15〕李建緯等，《文物普查與暫行分級作業手冊》，臺中：文化部文化資產局，2018，頁 134～143。

視角，提出更清晰的奉安過程與其背後的意涵，綜合性提出奉安設備的歷史文化脈絡，進而更認識日治時期的臺灣社會。

圖 2：研究與論文架構

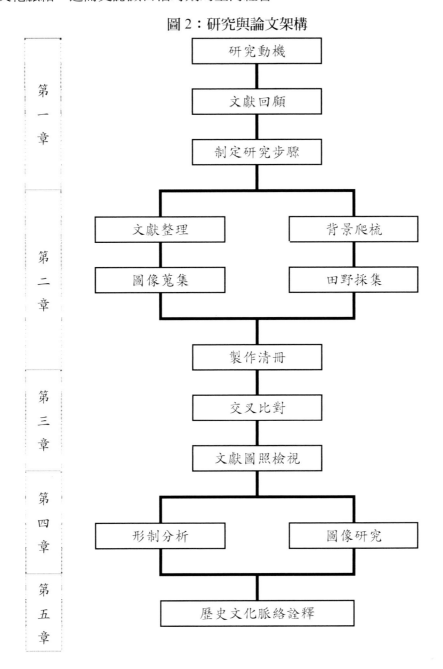

第二章　臺灣奉安設備相關資料

　　在教育相關的文獻資料與研究中，不時可見到學生對於教育敕語、御真影及奉安設備等物件進行最敬禮等，但是實際上在《教育勅語と學校教育》〔註1〕中有說明了教育敕語、御真影等原先是放置於官廳，之後因命令，在官廳之外的文部省、學校等也都有下賜奉置。為了更了解奉安設備在日治時期臺灣的操作方式，蒐集各方相關奉安設備設置資料為首要之務，也是後續相關分析說明之材料來源。

第一節　文獻回顧

　　目前對於臺灣奉安設備的研究，多是探討日本政府如何透過教育，增進國民對國家的認同，進一步以教科書、教材或教育敕語、御真影輔佐等切入，亦有少數期刊論文是對單件的學校奉安庫進行論述，如花蓮林田小學校奉安庫、臺南鹽水國小奉安庫等。

　　對於教育敕語與御真影在學校內的存放，2004 年蔡錦堂老師於海峽兩岸臺灣史學術研討會發表的〈日本治臺時期「國民精神涵養」研究——以「教育敕語」與天皇‧皇后御真影的探討為中心〉，與 2010 年潘繼道老師〈花蓮林田村日治時期「奉安庫」與「社日」遺跡踏查〉，都有提及教育敕語與御真影一開始是以禮堂、校長室做存放，〔註2〕之後依學校能力可在設置奉安所或

〔註1〕臺灣研究古籍資料庫，http://rarebooks.ith.sinica.edu.tw/sinicafrsFront99/search/image_preview.htm，瀏覽時間：2018 年 11 月 27 日。

〔註2〕潘繼道，〈花蓮林田村日治時期「奉安庫」與「社日」遺跡踏查〉，《臺灣文獻別冊 35》，2010，頁 50。

購入奉安庫收納。〔註3〕

另外,《臺灣小學世紀風華:第一本臺灣孩子的百年校園紀事》中亦有提到日治時期皇民教育中有用來收藏教育敕語跟御真影的保險櫃與小涼亭,即是奉安箱與奉安室,其中奉安室大致會是獨立房間,或安排在校長室內,在以鳳凰屏風為屏障,奉安殿則是戶外類似神社建物,並且以上的奉安設備與空間與教育敕語、御真影一樣都是為神聖的文物,重點或街庄中心的學校會配發大型奉安設備,相對的其他學校則是單開的奉安設備。〔註4〕

蔡錦堂老師 2006 年發表〈教育敕語、御真影與修身科教育〉〔註5〕,同年潘繼道也在《臺灣文獻》發表〈花蓮港廳壽小學校奉安殿遺跡〉,再次提點到教育敕語、御真影為天皇的分身,同時具有神聖性,為日本天皇神格化的意識呈現與政策的教化設施,所以學校需負有保護責任,選擇安全的地點設置為奉安所或放置奉安庫,為了避免碰到不可抗拒之災禍,造成兩者損壞,安排夜宿值班、假日值班或日常守衛等,〔註6〕還有說明「五七桐紋」為日本皇室使用,且對於兩者如有汙損或不敬的話,校長或教務主任往往疚責自殺的事情不斷〔註7〕。

2007 年陳美惠老師的〈鹽水公學校內奉安庫之歷史意涵〉則是直接以臺南鹽水國小既存的奉安庫為探討核心,透過訪談鹽水國小的校友、老師,了解教育敕語、御真影搭配修身課程對於當時師生們的影響。依訪談紀錄,得出透過對於教育敕語與御真影的奉讀、鞠躬等儀式行為,達到精神面上認同日本之功效,也提到奉安設備與空間並無統一設置規範。並推測重點學校與都市學校大多設置雙開櫃門,次者為單開櫃門,奉安空間除了和學校規模有關外,也與學校地位有關係,〔註8〕而此一論述則與 2004 年的《臺灣小學世

〔註3〕 蔡錦堂,〈日本治臺時期「國民精神涵養」研究——以「教育敕語」與天皇・皇后「御真影」的探討為中心〉,廈門:海峽兩岸臺灣史學術研討會會議論文,2004,頁 206。

〔註4〕 島嶼柿子文化館編,《台灣小學世紀風華:第一本臺灣孩子的百年校園紀事》,台北:柿子文化,2004,頁 103～105。

〔註5〕 提到「御真影」與「教育敕語」的奉安收納方式有三種,分別是收納在箱櫃中,一般稱為奉安庫、奉安箱、奉安櫃,放置的安全場所,稱奉安所、奉安室,另外仿神殿風格建築的稱奉安殿。

〔註6〕 蔡錦堂,〈教育敕語、御真影與修身科教育〉,《臺灣史學雜誌》,第 2 期,2006,頁 140。

〔註7〕 潘繼道,〈花蓮港廳壽小學校奉安殿遺跡〉,《臺灣文獻別冊 19》,2006,頁 36。

〔註8〕 陳美惠,〈鹽水公學校內奉安庫之歷史意涵〉,《臺灣風物》,第 57 卷第 3 期,

紀風華：第一本臺灣孩子的百年校園紀事》對於奉安設備與空間的配置說法相似。

　　張淑媚、蔡元隆〈日治後期校園忠君愛國思想的強化：以嘉義市初等學校為例〉，以口述歷史取得嘉義市的初等教育學校教師、校友口述資料，透過質性分析執行資料管理，得到透過唱日本國歌、奉讀教育敕語與參拜御真影等儀式過程，灌輸忠君愛國的思想，具加強教育之意涵，且都有不錯的成效。〔註9〕此一研究大致與 2007 年陳美惠老師的研究類似，且著重皆是對於校園內對教育敕語與御真影的儀式行為，而奉安庫在研究中則是儀式的一個片段。

　　2017 年則有一篇「日本時代奉安庫之調查研究」〔註10〕碩士論文，與作者的研究較為相關，可惜此論文透過多方管道皆未能取得本文。從摘要可知此篇的研究方式是透過發函來了解與整理全臺的奉安庫，發函 282 所的學校與單位，依回函得有 86 件奉安庫。另此篇論文也有幾點疑慮，單從調查名冊的建立，在民國 35 年（1946）《臺灣省五十一年統計提要》就有提及昭和 15 年（1940）時臺灣的初等學校大約有千餘間，與此篇論文所發函的數量相差甚遠，僅整理分類回函所得的奉安庫數量、形制，未進一步探究其歷史文化脈絡，且可惜未能詳閱全文（電子全文與紙本論文分別於 2023 年、2024 年授公開）。

　　2019 年《歷史臺灣：國立臺灣歷史博物館館刊》第 17 期，刊有一篇日籍學者樋浦鄉子〔註11〕發表的〈從臺南市新化區的學校史觀察臺灣的「御真影」〉〔註12〕，此文的材料主要是新化地區的學校文獻以及宮內公文書的《御寫真錄》，透過兩者的梳理，得出幾點關於臺灣御真影的下賜狀況。

　　1. 日治時期的臺灣在行政區劃的變革時，御真影有轉戴的狀況。

2007，頁 100。

〔註9〕張淑媚、蔡元隆，〈日治後期校園忠君愛國思想的強化：以嘉義市初等學校為例〉，《臺北市立教育大學學報》，第 40 卷第 2 期，2009。

〔註10〕蔡金元，《日本時代奉安庫之調查研究》，中臺科技大學文教事業經營研究所碩士論文，2017。蔡金元為嵐厝創意企業社的專案經理，筆者於 2012～2016 年間曾任嵐厝創意企業社的專案助理，並曾協助執行苗栗縣政府 2015、2016、2017 年的古文物普查計畫。

〔註11〕作者樋浦鄉子的研究方向為殖民地下的近代天皇制以及相關學校教育的型態，且於 2013 年即有出版相關書籍，討論殖民地朝鮮的相關問題。

〔註12〕樋浦鄉子，〈從台南市新化區的學校史觀察台灣的「御真影」〉，《歷史台灣：國立台灣歷史博物館館刊》，第 17 期，2019。

2.《御寫真錄》內雖有提及學校下賜的基準，但是從新化尋常小學校來看，並未達標即有下賜，作者推測此一事宜是在暗示昭和年間下賜基準的放寬，反之對於設置奉安設備的要求則是嚴格執行。

3. 以新化區的學校為例，僅新化尋常小學校有下賜御真影，故在舉行御真影奉戴、奉拜儀式時，新化公學校與農業補習學校也需一同出席，並在奉安設備上的建設費用是以整個新化街為範疇來募捐。

以新化區的御真影下賜狀況為例，呈現多木浩二《天皇的肖像》中提到透過下賜來可視化階級社會的結構，並進一步把並無下賜的學校以及地方社群皆捲入了日本近代的天皇崇敬教育中〔註13〕。

綜和上述回顧，了解目前對於奉安設備的研究皆是教育方向著手，初步知道教育敕語與御真影都要使用奉安設備來存放保護，且三者都被視為神聖的文物，並依學校的重點層度在奉安設備的形制上有所差異。不過關於奉安設備，除了學校外，虎尾合同廳舍、新港奉天宮亦有奉安庫，原臺南地方法院則是有奉安空間等，可知對於奉安設備的設置以及所下賜保管的物件，仍需進一步認識與探究。

另一方面，也體現學校文物對於日治時期教育研究中的特殊性與重要性逐漸被重視，雖然仍以個別學校為研究標的為主，不過可以發現目前對於全臺奉安設備數量不清的侷限性，未能提出更全面的研究。此研究即以此為出發點，蒐集相關資料，進一步從文物的角度來探究日治時期奉安設備。

第二節　技術報告

從文獻上初步了解奉安設備後，已知多數奉安設備都位於學校。而隨著政府推行文化資產保存，在以學校場所為計畫標的相關技術報告中可發現不少奉安設備的紀錄。

古蹟歷史建築類的技術報告，有〈彰化縣歷史建築二林國小禮堂調查研究報告書〉〔註14〕、〈高雄縣縣定古蹟旗山國小調查研究暨修復計畫〉〔註15〕、

〔註13〕樋浦鄉子，〈從台南市新化區的學校史觀察台灣的「御真影」〉，《歷史台灣：國立台灣歷史博物館館刊》，第 17 期，2019，頁 35、47。

〔註14〕陳柏年主持，陳柏年建築事務所執行，《彰化縣歷史建築二林國小禮堂調查研究報告書》，彰化縣文化局委託，2005。

〔註15〕徐明福主持，財團法人成大研究發展基金會執行，《高雄縣縣定古蹟旗山國小

〈臺中市西區大同國民小學歷史建築調查研究計畫〉〔註16〕、〈彰化縣歷史建築溪湖國小校門暨禮堂調查研究報告書〉〔註17〕、〈高雄縣縣定古蹟旗山鎮舊鼓山國小第四期修復工程工作報告書〉〔註18〕、〈歷史建築臺中一中校史館調查研究暨修復再利用計畫〉〔註19〕等，都可見在學校內設有奉安設備或空間。

　　古物的部分，則是2010年〈臺中縣古蹟內古物普查計畫成果報告書〉〔註20〕與〈臺中市古物研究計畫成果報告書〉〔註21〕，內容有清水國小、臺中一中、臺中高農（現為興大附農）及大同國小等的雙開奉安庫。再者，苗栗縣政府於2015、2016、2017年分別完成的〈苗栗縣頭份鎮等六鄉鎮古文物普查計畫〉〔註22〕、〈苗栗縣苗栗市等六鄉鎮古文物普查計畫〉〔註23〕、〈苗栗縣泰安鄉等六鄉鎮古文物普查計畫〉〔註24〕，總共紀錄有竹南國小的雙開奉安庫及三灣國小、西湖國小、鶴岡國小、同光國小、後龍國小、山腳國小等奉安庫。另外在〈苗栗縣中港慈裕宮文物（含一般古物）研究整理計畫成果報告〉〔註25〕還有提到三義建中國小的「奉安所石碑」。

調查研究暨修復計畫》，高雄縣政府委託，2005。

〔註16〕徐慧民主持，國立雲林科技大學執行，《臺中市西區大同國民小學歷史建築調查研究計畫》，臺中市文化局委託，2008。

〔註17〕陳柏年主持，陳柏年建築事務所執行，《彰化縣歷史建築溪湖國小校門暨禮堂調查研究報告書》，彰化縣文化局委託，2008。

〔註18〕劉金昌主持，劉金昌建築師事務所執行，《高雄縣縣定古蹟旗山鎮舊鼓山國小第四期復修工程工作報告書》，高雄縣政府委託，2008。

〔註19〕陳柏年主持，財團法人成大研究發展基金會執行，《歷史建築臺中一中校史館調查研究暨修復再利用計畫》，國立臺中第一高級中學委託，2012。

〔註20〕蔡金鼎主持，嵐厝創意企業社執行，《臺中縣古蹟內古物普查計畫成果報告書》，臺中縣文化局委託，2010。

〔註21〕蔡金鼎主持，嵐厝創意企業社執行，《臺中市古物研究計畫成果報告書》，臺中市文化局委託，2010。

〔註22〕蔡金鼎主持，嵐厝創意企業社執行，《苗栗縣頭份鎮等六鄉鎮古文物普查計畫》，苗栗縣國際文化觀光局委託，2015。

〔註23〕蔡金鼎主持，嵐厝創意企業社執行，《苗栗縣苗栗市等六鄉鎮古文物普查計畫》，苗栗縣政府國際文化觀光局委託，2016。

〔註24〕蔡金鼎主持，嵐厝創意企業社執行，《苗栗縣泰安鄉等六鄉鎮古文物普查計畫》，苗栗縣政府國際文化觀光局委託，2017。

〔註25〕李建緯主持，嵐厝創意企業社執行，《苗栗縣中港慈裕宮文物（含一般古物）研究整理計畫成果報告》，苗栗縣政府國際文化觀光局委託，2017。

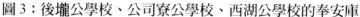

圖3：後壠公學校、公司寮公學校、西湖公學校的奉安庫

引自：蔡金鼎主持，嵐厝企業社創意執行，《苗栗縣苗栗市等六鄉鎮古文物普查計
畫》，苗栗縣政府國際文化觀光局委託，2016年。

　　隨著2016年《文化資產保存法》修改，第65條指出「主管機關應定期
普查或接受個人、團體提報具古物價值之項目、內容及範圍，依法定程序審
查後，列冊追蹤。」。各縣市與公有單位更極力的推動古物普查作業，2018
年〈屏東縣第一階段文物普查專案管理計畫〉〔註26〕、〈106～107年苗栗縣
建校百年以上學校文物普查建檔計畫〉〔註27〕、〈106年度嘉義縣新港鄉文
物普查登錄建檔計畫〉〔註28〕及〈106～107年花蓮縣教育機構文物普查建
檔暨奉安庫調查研究計畫〉〔註29〕。其中屏東案得有泰山國小單開奉安庫及
中正國小、里港國小的雙開奉安庫；苗栗案大致上則是抽錄苗栗縣三年文物
普查成果中的學校文物，再加上建功國小雙開奉安庫等學校文物的整理再製
表；嘉義案則是記錄有新港國小雙開奉安庫；花蓮案之成果有花蓮高農、花
蓮女中、太巴塱國小等奉安庫。

〔註26〕蔡錦佳主持，東華印刷廠執行，《屏東縣第一階段文物普查專案管理計畫》，
　　　　屏東縣文化資產保護所委託，2018。
〔註27〕蔡金元主持，嵐厝創意企業社執行，《106～107年苗栗縣建校百年以上學校
　　　　文物普查建檔計畫》，苗栗縣政府國際文化觀光局委託，2018。
〔註28〕蔡金元主持，嵐厝創意企業社執行，《106年度嘉義縣新港鄉文物普查登錄建
　　　　檔計畫》，嘉義縣文化觀光局委託，2018。
〔註29〕蔣竹山主持，國立東華大學執行，《106～107年花蓮縣教育機構文物普查建
　　　　檔暨奉安庫調查研究計畫》，花蓮縣政府委託，2018。

　　另外，還有〈臺北市公立學校文物普查〉、〈106 年度臺中市日治時期中小學文物普查計畫〉、〈106 年度臺中市公有古蹟歷史建築文物普查建檔計畫第 1 期：中心內部區（中區、西區、北區）〉等等。從以上已完成或執行中的學校文物普查計畫，推估臺灣仍有相當數量的學校文物仍待發掘。

圖 4：原新化尋常小學校　　　　　圖 5：建中國小奉安殿
　　　「御真影奉安殿」

（圖版筆者自行拍攝）　　　　　引自：維基百科，https://zh.wikipedia.org/
　　　　　　　　　　　　　　wiki/三義建中國小奉安殿，瀏覽時
　　　　　　　　　　　　　　間：2019 年 1 月 11 日。

　　已具有文化資產身分的奉安設備，有建中國小奉安殿與原新化尋常小學校「御真影奉安殿」，指定為歷史建築；林田小學校奉安庫、奉安所石碑則是「一般古物」。另外指定「一般古物」的日本天皇壽牌基組〔註 30〕，奉安設備亦是其組件之一。

表 1：具文化資產身分的奉安設備

序	文　資　名　稱	文資類別／級別	公告日期
1.	建中國小奉安殿	歷史建築	2002／09／17
2.	原新化尋常小學校「御真影奉安殿」	歷史建築	2004／04／08

〔註 30〕國家文化資產網，https://nchdb.boch.gov.tw/assets/overview/antiquity/2013103
　　　0000006，瀏覽時間：2018 年 5 月 18 日。為四件一組，奉安庫為其中一件，
　　　公告為「一般古物」。

3.	林田小學校奉安庫	一般古物	2013／07／01
4.	新港奉天宮日本天皇壽牌基組	一般古物	2013／10／30
5.	奉安所石碑	一般古物	2014／12／31

資料來源：文化部文化資產局「國家文化資產網」。（研究整理）

　　專書部分，國史館臺灣文獻於 2005 年出版一系列《揀花下的回憶——日治時期畢業紀念冊展圖錄》〔註31〕，將所收錄的日治時期學校畢業紀念冊把其內頁圖片做一分類說明，在第二冊學校建築篇即就對於奉安設備的概述，並從中可以看到苗栗苑裡公學校、桃園中壢公學校、臺中梧棲公學校等的雙開奉安庫照片。

　　《臺灣的學校建築》〔註32〕與《走出閨房上學校：日治時期臺灣雲嘉地區的女子教育與社會事業圖像》〔註33〕中，其附圖有見到新竹新埔國小雙開奉安庫、北港家政女學校雙開奉安庫；《南國首工拾年紀：成大首任校長若槻道隆珍藏相片目錄》〔註34〕亦可發現在當時的禮堂內規劃有奉安空間；以及《1940 年代高雄中學附近的地理環境與校舍環境的變遷》〔註35〕亦提到日治時期的奉安殿保留其基座，現已改為銅像。

　　除了以上所提到的技術報告與專書期刊，在臺北南門國小、新北泰山國小、樹林國小、屏東恆春國小等校史專輯中，也都有奉安設備或空間的記錄。

〔註31〕陳聰民，《揀花盛開時的回憶：日治時期畢業紀念冊展圖錄第二冊》，南投：國史館臺灣文獻館，2005。
〔註32〕湯志民，《臺灣的學校建築》，臺北：五南圖書出版，2006。
〔註33〕蔡元隆、黃雅芳，《走出閨房上學校：日治時期臺灣雲嘉地區的女子教育與社會事業圖像》，臺北：秀威資訊，2017。
〔註34〕褚晴暉等，《南國首工拾年紀：成大首任校長若槻道隆珍藏相片目錄》，臺南：成大博物館，2014。
〔註35〕陳怡碩，〈1940 年代高雄中學附近的地理環境與校舍環境的變遷〉，《雄中學報》第 10 期，2007 年 12 月 1 日。

圖 6：樹林國小保險櫃　　　　　　　圖 7：新屋國小雙開奉安庫

引自：樹林國民小學百年校慶籌備委　　引自：游銀安總編，《新屋 100》，桃
　　　員會，《淡樹成林：臺北縣樹林　　　　　園：新屋國民小學，2003 年，
　　　鎮樹林國民小學創校百週年　　　　　　頁 68。
　　　校誌》，臺北縣樹林國民小學，
　　　1998，頁 33。

表 2：校史專輯內記有奉安設備的學校

序	行政區	創　校　時　間	舊　名〔註 36〕	現　名
1.	苗栗縣	明治 30 年（1897）	苗栗公學校	建功國小
2.	彰化縣	明治 30 年（1897）	彰化公學校	中山國小
3.	新北市	明治 31 年（1898）	山腳公學校	泰山國小
4.	新北市	明治 31 年（1898）	樹林公學校	樹林國小
5.	新竹市	明治 31 年（1898）	新竹公學校	新竹國小
6.	新竹市	明治 31 年（1898）	峨眉公學校	峨眉國小
7.	新竹縣	明治 31 年（1898）	竹東公學校	竹東國小
8.	苗栗縣	明治 31 年（1898）	苑裡公學校	苑裡國小
9.	臺中市	明治 31 年（1898）	清水公學校	清水國小
10.	彰化縣	明治 31 年（1898）	鹿港公學校	鹿港國小
11.	屏東市	明治 31 年（1898）	內埔公學校	內埔國小

〔註 36〕昭和 16 年（1941）3 月日本頒布〈國民學校令〉，同時修正〈臺灣教育令〉，
　　　　將小學校與公學校一律改稱為國民學校。

12.	宜蘭縣	明治 31 年（1898）	宜蘭公學校	中山國小
13.	新竹市	明治 32 年（1899）	樹林頭公學校	北門國小
14.	屏東市	明治 32 年（1899）	萬巒公學校	萬巒國小
15.	雲林縣	明治 33 年（1900）	西螺公學校	文昌國小
16.	屏東市	明治 33 年（1900）	恆春公學校	恆春國小
17.	屏東市	明治 36 年（1903）	枋寮公學校	枋寮國小
18.	苗栗縣	明治 37 年（1904）	三叉公學校	建中國小
19.	臺北市	明治 38 年（1905）	南門小學校	南門國小
20.	嘉義縣	明治 40 年（1907）	小梅公學校	梅山國小
21.	高雄市	明治 40 年（1907）	高雄小學校	鼓山國小
22.	屏東市	明治 40 年（1907）	楓港公學校	楓港國小
23.	雲林縣	明治 42 年（1909）	崙背公學校	崙背國小
24.	苗栗縣	大正 4 年（1915）	四湖公學校	西湖國小
25.	桃園市	大正 5 年（1906）	新屋公學校	新屋國小
26.	苗栗縣	大正 7 年（1918）	公司寮公學校	同光國小

資料來源：國家教育研究院（研究整理）

第三節　網路資料檢索

　　隨著資訊網路的發達，從網路或新聞上亦可搜尋到不少的奉安設備的資訊。而許多日治時期創校至今的學校，近年紛紛整理各校的歷史與文化資產，並從部分學校的相關網站可得有奉安設備的資訊。如台北中山女中就有介紹校史文物的奉安櫃〔註37〕、台北東門國小的校史則有奉安所簡介〔註38〕、彰化溪湖國小「百年風華憶今昔」紀錄有單開與雙開奉安庫各一件〔註39〕、高雄旗山國小雙開奉安庫〔註40〕、新竹寶山國小單開奉安庫〔註41〕等。

〔註37〕臺北市立中山女子高級中學，https://www.csghs.tp.edu.tw/about/校史文物介紹/，瀏覽時間：2019 年 9 月 1 日。
〔註38〕臺北市中正區東門國民小學，http://www.tmps.tp.edu.tw/files/13-1001-2524.php?Lang=zh-tw，瀏覽時間：2019 年 9 月 1 日。
〔註39〕百年風華憶今昔，http://library.taiwanschoolnet.org/cyberfair2016/shps/treasure.html，瀏覽時間：2018 年 5 月 18 日。
〔註40〕蕃薯寮公學校重要文物──奉安櫃，http://www.qsp.ks.edu.tw/2015cishan/main.htm，瀏覽時間：2018 年 11 月 27 日。
〔註41〕歡迎光臨文化寶山──文物古器，http://www.cc.chu.edu.tw/~u8817061/all5.

　　並有部分學校將奉安設備被視為學校沿革的重要文物、鎮校之寶等，以此發布新聞。如彰化中山國小、新港國小〔註42〕、龍崎國小龍船分校〔註43〕、福原國小〔註44〕各有單開奉安庫一件，臺北士林國小〔註45〕、高雄仕隆國小〔註46〕與臺南新化國小〔註47〕則是雙開奉安庫，新竹國小〔註48〕、臺南立人國小〔註49〕為奉安室，並附屬有雙開奉安庫。

圖 8：旗山國小奉安庫　　　　　　圖 9：臺南立人國小奉安室

引自：蕃薯寮公學校重要文物——奉安櫃，　引自：孟慶慈，〈南市立人國小奉安室
　　　http://www.qsp.ks.edu.tw/2015cishan/3-　　　　重見天日〉，《自由時報電子
　　　1.htm，瀏覽時間：2018 年 5 月 18 日。　　　報》，2008 年 05 月 17 日。

　　除了以上的學校資訊與新聞報導，繼續爬梳網路資料，可從「典藏臺

　　　htm，瀏覽時間：2018 年 5 月 18 日。
〔註42〕簡慧珍，〈百年小學奉安庫　見證日據教育敕語〉，《聯合報電子報》，2017 年 11 月 13 日。
〔註43〕吳俊鋒，〈日據奉安庫　見證龍船分校史〉，《自由時報電子報》，2008 年 01 月 29 日。
〔註44〕王秀亭，〈福原國小老保險箱　師傅 82 分鐘解鎖〉，《自由時報電子報》，2019 年 04 月 12 日。
〔註45〕張潼、黃意涵，〈雙甲子　士林國小鎮校寶　千金不換〉，《中時電子報》，2015 年 05 月 31 日。
〔註46〕陳宏瑞，〈學籍保險箱　見證百年校史〉，《蘋果日報電子報》，2014 年 12 月 05 日。
〔註47〕吳淑玲，〈臺南新化國小 120 歲　骨董奉安庫鎮校〉，《聯合報電子報》，2017 年 9 月 7 日。
〔註48〕洪美秀，〈竹市最老！新竹國小 120 年校慶　週六展出日皇設校詔書〉，《自由時報電子報》，2017 年 11 月 8 日。
〔註49〕孟慶慈，〈南市立人國小奉安室　重見天日〉，《自由時報電子報》，2008 年 05 月 17 日。

灣」網站上檢索有新竹峨嵋國小〔註50〕、花蓮玉里國小〔註51〕的奉安庫，
「國立臺南生活美學館」則有鹽水國小的奉安庫〔註52〕，還有花蓮太巴塱國
小〔註53〕、屏東恆春國小〔註54〕與高雄星星兒之家〔註55〕的單開奉安庫，
花蓮高農〔註56〕、花蓮女中〔註57〕、桃園宋屋國小〔註58〕、臺中女中〔註59〕、
臺北中山女中〔註60〕的雙開奉安庫，臺灣師範大學日治時期講堂〔註61〕的雙開
奉安庫，以及花蓮港廳壽小學校奉安殿〔註62〕、西門國小奉安殿〔註63〕、原新

〔註50〕典藏臺灣，http://catalog.digitalarchives.tw/item/00/42/62/92.html，瀏覽時間：2018 年 5 月 18 日。

〔註51〕典藏臺灣，http://catalog.digitalarchives.tw/item/00/47/bf/1e.html，瀏覽時間：2018 年 5 月 18 日。

〔註52〕國立臺南生活美學館，http://old.tncsec.gov.tw/b_native_stage/index_view.php?act=home&c03=68&a01=0306&c04=3&num=1974，瀏覽時間：2018 年 5 月 18 日）＝。

〔註53〕花蓮阿榮的花蓮人文、美食情報情報站，http://blog.xuite.net/d0963064845/twblog1/123679713，瀏覽時間：2018 年 5 月 18 日。

〔註54〕微物史，https://www.facebook.com/117540848720819/photos/a.117613512046886.1073741826.117540848720819/211309692677267/?type=3&theater，瀏覽時間：2018 年 5 月 18 日。

〔註55〕http://yaoerh.pixnet.net/blog/post/23504033-%5B200807%5D 田寮衛生所實習心得，瀏覽時間：2018 年 5 月 18 日。原為高雄田寮國小。

〔註56〕花蓮阿榮的花蓮人文、美食情報情報站，http://blog.xuite.net/d0963064845/twblog1/123681081-2011%2F4%2F22 花蓮港廳農林學校奉安庫，瀏覽時間：2018 年 5 月 18 日。

〔註57〕花蓮阿榮的花蓮人文、美食情報情報站，http://blog.xuite.net/d0963064845/twblog1/123679897-2012%2F7%2F2 花蓮廳立花蓮港高等女學校奉安庫，瀏覽時間：2018 年 5 月 18 日。

〔註58〕宋屋國小奉安庫　藏天皇教育敕語，http://www.zun-huai.org.tw/news1-1_main.asp?root_id=1130，瀏覽時間：2018 年 5 月 18 日。

〔註59〕https://www.facebook.com/1782383585387338/photos/a.1817237178568645/1964654403826921/?type=3&theater，瀏覽時間：2018 年 11 月 27 日。

〔註60〕https://www.facebook.com/dustmic/posts/1188534047826622，瀏覽時間：2018 年 5 月 18 日。

〔註61〕地球上的火星人──下巴（野地旅），http://theericel.blogspot.tw/2012/02/0433.html，瀏覽時間：2018 年 5 月 25 日。

〔註62〕花蓮阿榮的花蓮人文、美食情報情報站，http://blog.xuite.net/d0963064845/twblog/94045973-2012%2F2%2F11 壽庄壽小學校奉安殿，瀏覽時間：2018 年 5 月 25 日。改為福德祠使用。

〔註63〕臺灣國定古蹟編纂研究小組，https://www.facebook.com/idocare.taiwan/photos/a.1754574804574250.1073764388.240654819299597/1754574854574245/?type=3&theater，瀏覽時間：2018 年 5 月 25 日。

化尋常小學校「御真影奉安殿」〔註64〕等。

　　此外，還有虎尾合同廳舍、新港奉天宮日本天皇壽牌基組的單開奉安庫，及原臺南地方法院的奉安所等等非在學校內的奉安設備，表示奉安設備並非只會出現在學校裡，其設置是因應所需要保護的物件而安排，所以在學校之外應該是還有需要保護的重要物件，且依日本天皇壽牌基組的組合來看，即是為保護天皇壽牌，而非保護教育敕語。

圖10：虎尾合同廳舍單開奉安庫　　　圖11：原臺南地方法院奉安所

（圖版筆者自行拍攝）

第四節　日治時期文獻與《臺灣日日新報》

　　隨著科技的發展，除了上述的網路資料外，許多文獻資料還可藉由網路來初步的搜尋，如中研院「臺灣史檔案資源系統」、「臺灣研究古籍資料庫」，臺灣圖書館「日治時期圖書全文影像系統」〔註65〕、「日治時期期刊全文影像系統」〔註66〕、國家圖書館「臺灣記憶」、國立公共資訊圖書館「數位典藏服

〔註64〕回頭臺南，http://rttainan.com/discovery/ho-an-den-hisnhua，瀏覽時間：2018 年 5 月 18 日。此件位於奉安殿內。

〔註65〕日治時期圖書影像系統，http://stfj.ntl.edu.tw/cgi-bin/gs32/gsweb.cgi/login?o= dwebmge&cache=1554877438099

〔註66〕國立臺灣圖書館──日治時期期刊影像系統 http://stfj.ntl.edu.tw/cgi-bin/gs32/ gsweb.cgi/login?o=dwebmge&cache=1555392794352

務網」〔註67〕、國立臺灣大學的「臺灣舊照片資料庫」〔註68〕、「日治時期繪葉書數位典藏」〔註69〕，以及「數位臺灣客家庄」〔註70〕、「國立臺灣歷史博物館典藏網」〔註71〕等等都是此研究就在執行時所參考的資料庫。

圖 12：宜蘭公學校奉安庫

引自：宜蘭人文知識數位資料庫，http://ylhm.e-land.gov.tw/details.aspx?id=60150&type=oldbook2，瀏覽時間：2018 年 12 月 4 日。

〔註67〕 國立公共資訊圖書館全球資訊網──數位典藏 http://das.nlpi.edu.tw/cgi-bin/gs32/gsweb.cgi/login?o=dwebmge&cache=1555393050208

〔註68〕 有臺北州南門小學校的御真影奉安殿，及臺北州士林公學校奉安殿的舊照片。檢索自國立臺灣大學「臺灣舊照片資料庫」，http://photo.lib.ntu.edu.tw/pic/db/oldphoto.jsp

〔註69〕 臺中師範學校奉安殿。檢索自國立臺灣大學「日治時期繪葉書」http://cdm.lib.ntu.edu.tw/cdm/landingpage/collection/card

〔註70〕 數位臺灣客家庄，https://archives.hakka.gov.tw/

〔註71〕 國立臺灣歷史博物館典藏網，https://collections.culture.tw/nmth_collectionsweb/AAA/collections_Search.aspx

圖 13：竹東公學校奉安庫

引自：數位臺灣客家庄，https://archives.hakka.gov.tw/category_detail.php?id=JF131
1000254，瀏覽時間：2018 年 12 月 4 日。

　　其中，電子資料庫中所要整理的資料，有日治時期的的學校紀念冊，在內頁即可能會出現奉安設備的照片。如《彰化第一公學校畢業紀念冊（昭和11 年 3 月）》內有奉安殿與奉戴的照片、《臺北高等商業學校一覽　昭和十五年度》則有御真影奉安所的附圖以及「御真影奉護規定」、彰化女子公學校《創立二十周年　記念誌》、《臺北師範學校創立三十週年紀念誌》、《臺北第三高等女學校創立三十五周年記念誌》、《日昭和 14　年竹東公學校開校 40 週年寫真帖》、《臺北州宜蘭公學校　創立四拾周年　記念誌》等等，都有奉安設備或奉戴的影像記錄。

　　學校畢業紀念冊的重點在於畢業的學生與師長們，但是卻收入奉戴或奉安設備等照片，也暗示著奉安設備在學校中的重要性。

　　另外，鑒於部分奉安設備會以建物附屬或獨立建物而呈現，檢索「臺灣研究古籍資料庫」的《臺灣建築會誌》，得有旗山第一公學校禮堂、臺南高等工業學校講堂的奉安所配置圖〔註 72〕；國史館「臺灣總督府檔案」亦有新莊

〔註72〕第 6 輯第 3 號（昭和 9 年 5 月）的附圖說明可見臺南高等工業學校講堂工事概要，第 8 輯第 2 號（昭和 11 年 3 月）則是旗山第一公學校講堂新築工事概要，都有奉安所的配置。

尋常小學校奉安所及講堂的工事設計圖等，還有臺灣的教育敕語與御真影的下賜狀況與奉安設置等等資訊。

　　檢索「日治時期圖書全文影像系統」與「日治時期期刊全文影像系統」，有提到身為日本國民的禮法規範的《現代國民禮法》〔註73〕和說明日治時期臺灣學校教育的須知的《學校と家庭》、《臺灣に於ける學校園》，以及第一章即說明御真影、敕語、詔書、菊花御紋章，還有提及下賜申請、裱裝、奉揭、奉戴及菊御紋章的使用…等的《臺灣學事法規》，記錄有臺南州教育敕語的下賜名單，及臺南州教育發展狀況的《臺南州教育誌》等的文獻資料。

　　為了解日治時期臺灣的奉安設備設置狀況，亦參閱日治時期的《臺灣日日新報》，以了解當時的表現形式，進一步整理報導中的奉安設備，及設置時間、奉安的過程等等相關訊息，以了解當時日本政府對於相關奉安的氛圍營造方式，和政府與社會階層的互動關係。從漢珍版的《臺灣日日新報》得有奉安設備的報導97筆資料，如下表列。

表3：《臺灣日日新報》奉安設備相關報導

序	日　期	紀年	標　題	概　述	備　註
1.	1905／12／27	明治38年	總督府新年式次第	御真影奉安室。	（漢文）
2.	1906／2／11	明治39年	紀元節祝賀式次第	御真影奉安室。	（漢文）
3.	1907／11／12	明治40年	臺南之軍旗祭	建設軍旗奉安所。	（漢文）
4.	1907／12／17	明治40年	臺南軍旗授與式及祝典	軍旗奉安所。	（漢文）
5.	1907／12／27	明治40年	新年式之順序	御真影奉安室。	（漢文）
6.	1908／2／8	明治41年	紀元節祝賀式	御真影奉安室。	（漢文）
7.	1908／11／7	明治41年	第二守備隊軍旗祭	軍旗奉安所。	（漢文）

〔註73〕此書記載當時身為日本國民須具備的禮法，如姿勢、服裝、互動、結婚，及對皇室、國旗、軍旗等相關的禮法規範。

8.	1909 / 9 / 24	明治 42年	御真影の下賜	總督府中學校蒙賜御真影，待奉安所竣成，校長奉戴，武裝學生護衛，恭送安置於學校奉安所。	
9.	1909 / 10 / 9	明治 42年	御真影の奉戴式	奉安所竣成，校長奉戴，武裝學生護衛，恭送安置於學校奉安所。	
10.	1909 / 10 / 10	明治 42年	御尊影奉安禮	總督府中學校蒙賜御真影，待奉安所竣成，校長奉戴，武裝學生護衛，恭送安置於學校奉安所。	（漢文）
11.	1910 / 12 / 25	明治 42年	新年式序	御真影奉安室。	（漢文）
12.	1911 / 11 / 9	明治 44年	軍旗拜受紀念式	步兵第二聯隊第五回軍旗拜受紀念式，暫設奉安所安置軍旗。	（漢文）
13.	1914 / 1 / 16	大正 3年	第一聯隊軍旗祭	聯隊本部軍旗奉安所。	（漢文）
14.	1920 / 6 / 3	大正 9年	奉安所裝飾	臺南州廳的御真影奉安所準備施工中。	
15.	1920 / 12 / 16	大正 9年	步兵第一聯隊軍旗祭	軍旗奉安所。	
16.	1924 / 11 / 17	大正 13年	臺中大隊軍旗祭	軍旗奉安所。	
17.	1928 / 8 / 25	昭和 3年	三叉公勅語奉安所落成式	三叉公勅語奉安所落成。	
18.	1928 / 9 / 30	昭和 3年	御真影八十三組　奉迎の手筈　一旦府内奉安室に安置三日府内に奉戴式を行ふ	御下賜給本島各管轄學校御真影 83 組。原為 84 組，已有 1 組下賜給稅關。由文書課長至基隆港出迎奉持上陸，於基隆驛乘特別列車至臺北驛，安置於總督府奉安室，並訂於 3 日進行奉戴式。 御下賜名單如下：總督府、高等法院、臺北地方法院、臺中地方法院、臺南地方法院、警官練習所、臺北帝大*、臺北醫專、臺北第一師範、臺北第二師範*、臺南師範、臺北州廳、臺北一中、臺北二中*、臺北商業、臺北工業、臺北一高女、臺北二高女*臺北三高女*、宜蘭農林*、基隆高女*、末廣小、旭小、壽小、臺北南門小、建成小、樺山小、宜蘭小、金瓜石小、基隆第一小、新莊小*、龍山公*、老松公*、	

				太平公*、蓬萊公*、大龍峒公*、朱厝崙公*、東園公*、新竹州廳、新竹中*、新竹高女*、新竹小、桃園小、臺中州廳、臺中市役所*、臺中一中、彰化高女、臺中一小、臺中二小、彰化小、豐原小*、南投小、東勢小*、埔里小*、臺南州廳、臺南一中、臺南二中*、臺南一女高、臺南二女高*、嘉義農林、嘉義中*、嘉義小、斗六小、竹園小；南門小、高雄州廳、高雄中*、高雄高女*、高雄一小、高雄二小*、屏東一小、屏東公*、臺東廳、臺東小、花蓮港廳、花蓮港小、豐田小、林田小、玉里小*、新城小*、澎湖廳、馬公小。(*為首次下賜)	
19.	1928 / 10 / 1	昭和3年	御真影奉迎安置於府內奉安室　三日在府內舉奉戴式	御下賜給本島各管轄學校御真影83組。原為84組，已有1組下賜給稅關。由文書課長至基隆港出迎奉持上陸，於基隆驛乘特別列車至臺北驛，安置於總督府奉安室，並訂於3日進行奉戴式。	（漢文）
20.	1928 / 10 / 4	昭和3年	臺北高等地方兩法院　御真影奉安	兩法院御真影奉安室。	（漢文）
21.	1928 / 10 / 4	昭和3年	臺北高等地方兩法院　御真影奉安	總督府、臺北州御真影奉拜式，臺北市轄下學校奉持御真影歸校。奉安庫未建成，暫奉州廳以上學校。直轄學校由各州知事奉戴歸任。	（漢文）
22.	1928 / 10 / 29	昭和3年	新竹　奉安寶鑋__苗栗郡苑裡庄	苗栗郡苑裡庄管內公學校為御大典紀念，奉安御真影、敕語，設奉安寶鑋。	（漢文）
23.	1928 / 10 / 29	昭和3年	新莊街官民奉接御真影	新莊小學校下賜御真影，至臺北奉請迎歸安置。	（漢文）
24.	1928 / 11 / 2	昭和3年	市內各公の御真影奉安庫竣成	御真影下賜，市內各公學校奉安庫準備完成。	
25.	1928 / 12 / 13	昭和3年	臺中州理蕃課では　州下各地蕃童教育所に　御尊影を奉安し　蕃童に奉拜せしむ	御大典紀念事業，御真影奉拜並奉揭給臺中州下蕃童教育所。	

26.	1929 / 1 / 18	昭和 4年	新竹／設奉安庫	苗栗郡下公館庄前庄長徐定標、現庄長黃玉益為御大典紀念，對公館、鶴岡公學校各寄附敕語奉安庫一個。	
27.	1929 / 2 / 26	昭和 4年	臺南二高女奉安室　美事に竣功	御大典紀念事業下，由臺南二高女畢業生與教職員企劃之奉安室於 25 日竣工，由臺南神社神官進行奉安式，鋼筋水泥造，神明造外觀。	
28.	1929 / 3 / 10	昭和 4年	老松公學校の御真影奉安殿十一日地鎮祭	老松公學校三十周年紀念事業，御真影奉安殿建築事宜，舉行地鎮祭。	
29.	1929 / 3 / 17	昭和 4年	臺中新庄勅語奉安所	御大典紀念，地方有志者寄贈敕語奉安庫、校旗、校園、競技優勝旗及布幔等約五千圓設備。	
30.	1929 / 4 / 9	昭和 4年	高雄兩小學の御真影奉安庫	高雄市第一第二小學校御真影奉安庫新築計畫，工費預計六七千圓。	
31.	1929 / 5 / 16	昭和 4年	壽小學校奉安殿落成	臺北壽小學校依御大典紀念，御真影奉安殿預計竣工。	
32.	1929 / 5 / 22	昭和 4年	御真影奉安庫の請負工事落札	高雄第一小學校御真影奉安庫工費二千三百五十四圓，第二小學校二千四百四十八圓	
33.	1929 / 5 / 28	昭和 4年	龍山公保護者會奉安殿工事按七月落成	龍山公學校兒童保護總會，副會長報告奉安殿建築工事，工費二千六百圓，預計七月完成，由保護總會與有志者寄附。	（漢文）
34.	1929 / 6 / 8	昭和 4年	新竹／奉安金庫	新竹小學校建設御真影奉安所。	
35.	1929 / 7 / 2	昭和 4年	高雄第一小學校の御真影奉安庫上棟式	御真影奉安庫上棟式。	
36.	1929 / 10 / 2	昭和 4年	龍山公學校奉安殿落成	龍山公學校奉安殿竣工，預計於11月2日御真影到著紀念辦理落成式。	（漢文）
37.	1929 / 10 / 31	昭和 4年	龍山公學校御真影　奉安殿落成	龍山公學校御真影奉安殿落成，由保護者會寄附二千九百七十一圓。	
38.	1929 / 11 / 1	昭和 4年	老松公御真影奉安殿落成式	老松公學校御真影奉安殿落成式。	
39.	1929 / 11 / 1	昭和 4年	老松公學行事／奉安殿	老松公學校御真影奉安殿竣工，工費得父兄有志招募約三千圓。	

40.	1929 / 11 / 3	昭和 4 年	龍山公奉安殿落成並奉遷式	龍山公學校御真影奉安殿落成。	
41.	1929 / 11 / 3	昭和 4 年	老松公奉安殿落成典禮	老松公學校得二十周年紀念事業，建築御真影奉安殿，總工費二千四十八圓。	
42.	1929 / 12 / 23	昭和 4 年	御真影下賜臺北高等學校に	臺北高等學校下賜御真影於 22 日奉安至大河丸入基隆港，由學務課長搭乘自動車奉持，暫奉於總督府奉安室。	
43.	1930 / 1 / 30	昭和 5 年	御真影奉安殿	高雄中學校御真影奉安殿竣工落成	
44.	1930 / 3 / 6	昭和 5 年	潮州小公學校勅語奉安所建設	潮州小公學校建設勅語奉安所，工費二千四百圓。	
45.	1930 / 11 / 1	昭和 5 年	勅語奉安庫を寄附 董金湖氏の美舉	敕語煥發四十周年紀念與車城公學校創校三十周年紀念，恆春郡車城庄保正董金湖寄附敕語奉安庫。	
46.	1932 / 10 / 12	昭和 7 年	御真影奉安殿の 落成式十六日南門小學校で	南門小學校御真影奉安殿竣工落成。	
47.	1932 / 10 / 16	昭和 7 年	南門小學校奉安殿落成	南門小學校保護者會投下三千餘圓建設之御真影奉安殿落成。	（漢文）
48.	1932 / 11 / 25	昭和 7 年	勅語奉安庫を金庫と間違へた男 舉動不審て檢舉さる	嘉義郡水上公學校事務所敕語奉安庫與金庫被不當使用。	
49.	1932 / 12 / 21	昭和 7 年	臺北市奉安の御真影 文教局長が捧持	臺北市役所奉安御真影。	
50.	1932 / 12 / 22	昭和 7 年	御真影奉安庫落成式舉行	新營小學校奉安庫竣工，並行御真影奉迎、奉遷、奉戴、奉拜等儀式。	
51.	1932 / 12 / 23	昭和 7 年	新營郡新營小學校奉安■自前建築中	新營小學校御真影奉安庫建築中。	（漢文）
52.	1932 / 12 / 24	昭和 7 年	御真影下賜傳達式 安置奉安庫	下賜御真影給臺北市役所，並安置於奉安庫。	（漢文）

53.	1932 / 12 / 24	昭和 7年	全島一の御真影奉安殿　新營小學校庭に建設　二十三日奉戴式舉行	新營小學校得鹽水港製糖、庄役所及有志者支援二千百餘圓，於校內敷地百餘坪建設莊嚴的神明造式奉安殿。	
54.	1932 / 12 / 28	昭和 7年	新營／奉安真影	新營小學校建設御真影奉安殿二千百餘圓，由鹽水港製糖會社、役所即有志者寄附。鋼筋混泥土造。	（漢文）
55.	1933 / 1 / 14	昭和 8年	桃園街協議會御真影奉安所　產業五ケ年計畫　自治展等が新規事業	桃園街協議會規劃事業桃園公學校御真影奉安所。	
56.	1933 / 1 / 26	昭和 8年	桃園街八年度豫算七萬五千三百八圓　新設聖照奉安殿　開自治聯合展覽	桃園公學校聖照奉安殿一千圓。	（漢文）
57.	1933 / 1 / 26	昭和 8年	桃園街八年度豫算七萬五千三百八圓　新設聖照奉安殿　開自治聯合展覽	桃園街預算增加，欲新設桃園公學校御真影奉安殿一千圓。	
28.	1933 / 9 / 16	昭和 8年	御真影奉安	郡守奉戴御真影至佳里小學校，並行奉安。	
29.	1934 / 1 / 21	昭和 9年	南投／籌奉安庫	名間公學校籌備奉安庫，得有志者寄附，不久將實現。	（漢文）
60.	1934 / 3 / 30	昭和 9年	御尊影を奉安蕃童教育所へ＿花蓮港廳警務課	花蓮港廳警務課下賜蕃童教育所奉安御真影。	
61.	1934 / 3 / 30	昭和 9年	勅語奉安庫持ち出しの犯人一ケ月振りで判明　金庫と思ひ込んだ前科者ら　高雄州楠梓庄の怪事件	仕隆公學校勅語奉安庫被盜未遂事件。	

62.	1934 / 3 / 30	昭和9年	當宿が見廻つた後　押入つて持ち出す校長以下ひたすら謹慎中勅語奉安庫持出し事件	仕隆公學校勅語奉安庫被盜未遂事件。	
63.	1934 / 4 / 28	昭和9年	淡中對當局披瀝誠意　一掃不解國語教師	淡水中學與淡水女學院依文教調查，預以敕語奉安庫改去舊俗，拜關龍山公學校的奉安庫，臺語教學皆改為國語，聖經亦同。	（漢文）
64.	1934 / 8 / 5	昭和9年	豐原／建奉安庫	豐原男子公學校之星校長欲申請御真影奉戴，但缺奉安庫設備，將邀集學生、畢業生協議事宜。	（漢文）
65.	1934 / 10 / 15	昭和9年	豐原／建奉安殿	豐原女子公學校欲募資御真影奉安殿的建設費與鋼琴一臺，約二千五百圓左右。	（漢文）
66.	1935 / 1 / 29	昭和10年	寫真は其の奉齋殿と御尊影奉安殿及び勅語謄本奉安殿の全景である	臺東公學校為三十周年紀念，建設奉齋殿。一旁為御真影奉安殿、教育敕語奉安殿。	
67.	1935 / 5 / 19	昭和10年	御真影奉安殿臺東公で建設	臺東公學校去年底開保護者總會，設置奉安殿建設基金事宜，決議以三十周年紀念事宜，去年度決算剩餘經費百餘圓納入基金，附隨講堂建設，工費約一千圓。	
68.	1935 / 5 / 19	昭和10年	臺東公學校建奉安殿	臺東公學校去年底開保護者總會，設置奉安殿建設基金事宜，決議以三十周年紀念事宜，去年度決算剩餘經費百餘圓納入基金，附隨講堂建設，工費約一千圓。	（漢文）
69.	1935 / 5 / 22	昭和10年	御真影と教育勅語　詔書なぞ無事奉安昨夜直ちに憲兵隊に	總督府廳舍火災，搶救御真影、敕語、詔書等。	
70.	1935 / 5 / 23	昭和10年	御真影勅語無事奉安	火災搶救御真影、敕語、詔書等，暫奉憲兵隊長室。	（漢文）
71.	1935 / 6 / 7	昭和10年	員林／設奉安所	員林公學校決定建設奉安所。	（漢文）

72.	1936 / 10 / 20	昭和 11年	竹東 / 奉安室竣功	竹東公學校校舍與奉安室竣工，21日進行祝賀式。	
73.	1936 / 12 / 15	昭和 11年	桃園 / 奉安行事	桃園第一公學校於講堂進行御真影奉拜式。	（漢文）
74.	1937 / 1 / 23	昭和 12年	御真影奉安殿を　各學校、役場に造營 岡山郡の首腦者會議て決定	皇紀 2600 年紀念式，岡山郡預計於各校與役場營造御真影奉安殿，並擴充岡山神社神苑。	
75.	1937 / 1 / 24	昭和 12年	岡山郡下首腦者會　協議各街庄豫算案 各學校役場將設奉安殿	皇紀 2600 年紀念式，岡山郡預計於各校與役場營造御真影奉安殿，並擴充岡山神社神苑。	（漢文）
76.	1937 / 3 / 7	昭和 12年	竹東小公學校で近く奉安庫購入	竹東小公學校奉安室即將竣工，但奉安庫尚未購入，得保護者會長發起，地方志者與保護者寄附金。	
77.	1937 / 5 / 3	昭和 12年	皇紀二千六百年の輝く國家的盛典に　應はしき記念事業　大麻御真影奉安殿等等を　兒童職員らが建設計畫	芬園公學校設置御真影奉安殿。	
78.	1937 / 5 / 10	昭和 12年	奉安殿へ寄附	馬公小學校御真影奉安殿建設費用寄附。	
79.	1937 / 5 / 15	昭和 12年	玉里 / 奉安殿建設	皇紀 2600 年紀念，預計新建築御真影奉安殿，玉里小學校保護者會與有志者寄附金。	
80.	1937 / 10 / 3	昭和 12年	御真影奉安殿を建設	花蓮港公學校御真影奉安殿建設決定。	
81.	1938 / 2 / 25	昭和 13年	校內社と奉安殿　湳雅公で建立　職員兒童の淨財で	員林郡湳雅公學校欲皇紀 2600 年紀念事業，建設校內神社與御真影奉安殿，御真影奉安殿預計募資二千圓。	
82.	1938 / 6 / 8	昭和 13年	御真影奉安室の御祓式	由新竹第一公學校兒童保護者後援建設的御真影奉安室即將竣工。	
83.	1938 / 6 / 14	昭和 13年	御真影　奉安式	金瓜石尋常高等小學校於講堂舉行御真影奉安式。	

84.	1938 / 6 / 15	昭和 13 年	御真影奉安室 新竹小學校で 明後年の皇紀 二千六百年記 念に建設	搭配新竹小學校創校 40 周年紀念，企劃兒童每月 50 錢，達五千圓，並皇紀 2600 年紀念事業，建設御真影奉安室。	
85.	1938 / 8 / 25	昭和 13 年	御真影奉安式	花蓮港中學校於禮堂進行御真影奉安式。	
86.	1938 / 8 / 29	昭和 13 年	御真影奉安殿 臺南二中で建 設	臺南第二中學校投入工費二千五百圓於校長室內建設御真影奉安殿。	
87.	1938 / 9 / 24	昭和 13 年	御真影奉安殿 建立　宜蘭公 學校で	宜蘭公學校創立四十周年紀念，建立御真影奉安殿。	
88.	1938 / 11 / 29	昭和 13 年	四十周年記念 に奉安殿を造 營　十二月四 日南庄公で擧 式	南庄公學校四十周年紀念，建築奉安殿。	
89.	1939 / 2 / 20	昭和 14 年	五堵公で教育 勅語　奉安庫 の落成式	五堵公學校勅語奉安庫落成。	
90.	1939 / 9 / 3	昭和 14 年	御真影奉安	臺南陸軍衛戍部兵事部御真影奉安室。	
91.	1940 / 2 / 25	昭和 15 年	奉安庫と校旗 瑪■公に寄贈	皇紀 2600 年紀念，得庄民寄贈九百圓的敕語奉安庫與校旗。	
92.	1940 / 11 / 16	昭和 15 年	御真影奉安	御真影於臺南憲兵隊本部奉安。	
93.	1942 / 5 / 6	昭和 17 年	戰歿殉職英靈 の奉安殿建設 きのふ高雄州 警察部で合會	英靈奉安殿建設。	
94.	1942 / 6 / 10	昭和 17 年	英靈奉安殿と 遺品陳列館を 建設　高雄州 警察部の計畫 成る	英靈奉安殿、遺品陳列館及其他。	
95.	1942 / 7 / 29	昭和 17 年	花蓮港陸軍兵 事部　御真影 奉安	花蓮港陸軍兵事部御真影奉安所。	

96.	1943 / 6 / 6	昭和 18年	海軍武官府內故山本元帥遺影奉安所拜の伊藤海軍武官外一同	山本元帥遺影奉安所。	

（研究整理）

　　從以上《臺灣日日新報》報導，初步梳理出奉安設備形制、設備地點、設置時間、奉安物件等等幾點說明：

1. 奉安設備形制部分，可知道奉安設備的名稱上有庫、室、所、殿等差異，且對比寄附與建設金額，推論奉安庫的購入費用約數百圓，奉安殿則是數千圓以上。

2. 除了以學校為奉安的位置外，總督府、臺北市役所或軍部等，也都設置有奉安設備。現今可對應的案例，如虎尾合同廳舍、原臺南地方法院的奉安所。

3. 在學校內除了奉安教育敕語外，還有御真影，且報導中多數呈現在奉安御真影時，學校建設奉安殿。此外，州廳、市役所等奉安御真影之外，軍部亦有奉安軍旗、殉職英靈遺影等物件。

4. 從上表可發現報導時間集中在昭和年間，且多是御真影奉安設備的報導。明治時期報導有 12 筆，為總督府中學校與軍部部隊的奉安狀況；大正年間僅有 4 筆；其餘皆落在昭和年間的報導，並且以學校和御真影奉安為主。此外，還可留意到部分學校把奉安設備的建設視為皇紀二千六百年紀念的事業之一。

　　且從報紙報導的時間來看，可知對於奉安的措施最初是不被關注，報導甚少，並且對於下賜物件的種類以及奉安保護的即時性，可以知道與文獻回顧的有所認知上的落差，並可以再次發現奉安並不侷限於學校，奉安物件也不限制在敕語與御真影，呈現出奉安設備的使用可能與單位狀況、奉安物件等有所不同搭配的設置方式。

　　以上相關報導在昭和年才開始頻繁刊登，推測可能是與此時期日本政局與社會的走向有關。明治、大正年在《臺灣日日新報》內僅有少數幾篇報導，可推敲為奉安設備之重要性尚未要列入報導發表給群眾知道，到了昭和年間日本政府的意識形態日趨為軍國主義，開始透過報紙不時宣傳其主張的民族與種族主義，極端的加強對於國家領袖昭和天皇的尊崇等有關。

第五節　文獻資料所反映之數量

　　從文獻上記錄有下賜或具體設置奉安設備的名單中，與現今已知既存有奉安設備的資料進行比對後，發現兩者的資訊上多有差異。

　　《臺灣日日新報》與日治時期文獻共得有 105 筆資料，專書、網路、新聞及田野所得 133 筆，以上整合後，推測有奉安設備的單位總計有 219 處，其中學校 202 間，官方廳舍 16 間，寺廟 1 間。並在兩者的資料來源上多有重複，梳理後文獻與田野資料所得吻合的僅有 20 筆，表示奉安設備實際設置狀況與文獻紀錄上有極大出入。

表 4：已知臺灣奉安設備

序	行政區	單　位	臺灣日日新報	日治時期文獻	技術報告	校史專輯	專書期刊	網路資料	新聞	田野調查	具文資身分
1.	基隆	五堵公學校	●								
2.	基隆	瑪陵公學校	●								
3.	基隆	瀧川公學校			●						
4.	基隆	壽公學校					●				
5.	基隆	寶公學校					●				
6.	基隆	基隆第一小學校	●								
7.	基隆	日新小學校			●						
8.	基隆	基隆中學校					●				
9.	基隆	基隆高等女學校	●					●			
10.	新北	新店公學校					●				
11.	新北	樹林公學校				●					
12.	新北	山腳公學校				●					
13.	新北	深坑公學校				●					
14.	新北	金瓜石小學校	●								
15.	新北	新莊小學校		●							
16.	臺北	八芝蘭公學校					●		●		

17.	臺北	大橋公學校					●			
18.	臺北	松山公學校					●			
19.	臺北	老松公學校	●							
20.	臺北	龍山公學校	●							
21.	臺北	日新公學校					●			
22.	臺北	太平公學校	●		●					
23.	臺北	蓬萊公學校	●							
24.	臺北	大龍峒公學校	●							
25.	臺北	朱厝崙公學校	●							
26.	臺北	東園公學校	●							
27.	臺北	臺北市壽小學校	●					●		
28.	臺北	臺北南門小學校	●			●				
29.	臺北	淡水小學校			●					
30.	臺北	末廣小學校	●							
31.	臺北	旭小學校	●					●		
32.	臺北	建成小學校	●							
33.	臺北	樺山小學校	●							
34.	臺北	錦小學校					●			
35.	臺北	板橋小學校					●			
36.	臺北	臺北第二中學校	●							
37.	臺北	臺北第二高等女學校	●							
38.	臺北	臺北第三高等女學校		●				●		
39.	臺北	臺北高等商業學校	●	●						
40.	臺北	臺北高等學校		●						
41.	臺北	臺北第一高等女學校	●	●						
42.	臺北	臺北第一中學校	●							
43.	臺北	臺北醫專學校	●							
44.	臺北	臺北第一師範學校	●							
45.	臺北	臺北第二師範學校	●							
46.	臺北	臺北工業學校	●							

No.	地區	名稱	1	2	3	4	5	6	7	8
47.	臺北	臺北帝國大學				●	●			
48.	臺北	總督府	●							
49.	臺北	高等法院	●							
50.	臺北	臺北地方法院	●							
51.	臺北	警官練習所	●							
52.	臺北	臺北州廳	●							
53.	苗栗	鶴岡公學校南河分校			●					
54.	苗栗	三叉公學校	●			●				●
55.	苗栗	南庄公學校	●							
56.	苗栗	苑裡公學校				●	●			
57.	苗栗	中港公學校			●		●			
58.	苗栗	三灣公學校			●					
59.	苗栗	四湖公學校			●	●				
60.	苗栗	鶴崗公學校	●		●					
61.	苗栗	公司寮公學校			●	●				
62.	苗栗	後壠公學校			●					
63.	苗栗	山腳公學校			●					
64.	苗栗	苗栗第一公學校			●	●				
65.	苗栗	公館公學校	●				●			
66.	苗栗	苗栗小學校					●			
67.	苗栗	竹南小學校			●					
68.	桃園	宋屋公學校						●		
69.	桃園	桃園公學校	●							
70.	桃園	中壢公學校					●			
71.	桃園	新屋公學校				●				
72.	桃園	桃園小學校	●							
73.	新竹	新竹公學校	●			●			●	
74.	新竹	寶山公學校						●		
75.	新竹	峨眉公學校				●		●		
76.	新竹	新埔公學校					●			

77.	新竹	樹林頭公學校				●				
78.	新竹	竹東公學校	●	●		●				
79.	新竹	新竹小學校	●							
80.	新竹	竹東小學校	●	●						
81.	新竹	新竹高等女學校			●					
82.	新竹	新竹中學校	●							
83.	新竹	新竹州廳	●							
84.	南投	名間公學校	●							
85.	南投	新庄公學校	●							
86.	南投	土城公學校			●					
87.	南投	碧峰公學校			●					
88.	南投	南投公學校					●			
89.	南投	集集小學校					●			
90.	南投	南投小學校	●							
91.	南投	埔里小學校	●							
92.	彰化	湳雅公學校	●							
93.	彰化	楠公學校	●		●				●	
94.	彰化	旭公學校					●			
95.	彰化	新港公學校							●	
96.	彰化	溪湖公學校						●		
97.	彰化	彰化女子公學校		●						
98.	彰化	員林公學校	●							
99.	彰化	二林公學校			●					
100.	彰化	鹿港公學校			●					
101.	彰化	芬園公學校	●							
102.	彰化	田中公學校					●			
103.	彰化	和美公學校					●			
104.	彰化	北斗公學校					●			
105.	彰化	員林小學校					●			
106.	彰化	北斗小學校					●			

107.	彰化	彰化小學校	●								
108.	彰化	彰化高等女學校	●								
109.	臺中	豐原男子公學校	●								
110.	臺中	梧棲公學校					●				
111.	臺中	神岡公學校					●				
112.	臺中	清水公學校			●	●					
113.	臺中	東勢公學校					●				
114.	臺中	豐洲公學校					●				
115.	臺中	幸公學校					●				
116.	臺中	曙公學校			●						
117.	臺中	瑞穗公學校	●								
118.	臺中	明治小學校			●						
119.	臺中	清水小學校					●				
120.	臺中	臺中第二小學校	●								
121.	臺中	豐原小學校	●								
122.	臺中	東勢小學校	●								
123.	臺中	村上公學校					●				
124.	臺中	臺中州立農業學校			●						
125.	臺中	臺中第一中學校	●		●						
126.	臺中	臺中第二中學校					●				
127.	臺中	臺中商業學校					●				
128.	臺中	臺中高等女學校						●			
129.	臺中	臺中師範學校		●							
130.	臺中	臺中地方法院	●								
131.	臺中	臺中州廳	●								
132.	臺中	臺中市役所	●								
133.	雲林	西螺公學校				●					
134.	雲林	他里霧公學校				●					
135.	雲林	崙背公學校				●					
136.	雲林	北港家政女學校					●				

137.	雲林	虎尾合同廳舍								●	
138.	嘉義	水上公學校	●								
139.	嘉義	新港公學校			●						
140.	嘉義	民雄公學校				●					
141.	嘉義	小梅公學校				●					
142.	嘉義	旭小學校	●	●							
143.	嘉義	斗六小學校	●								
144.	嘉義	嘉義中學校			●						
145.	嘉義	嘉義高等女學校		●							
146.	嘉義	嘉義農林學校	●								
147.	嘉義	新港奉天宮									●
148.	臺南	龍船公學校							●		
149.	臺南	新化公學校							●		
150.	臺南	寶公學校			●				●		
151.	臺南	鹽水港公學校					●	●			
152.	臺南	菁寮公學校					●				
153.		麻豆小學校					●				
154.	臺南	臺南南門小學校		●							
155.	臺南	佳里小學校		●							
156.	臺南	新營小學校	●	●							
157.	臺南	花園小學校	●			●					
158.	臺南	新化小學校		●							●
159.	臺南	臺南第一中學校		●	●						
160.	臺南	臺南第二高等女學校	●	●							
161.	臺南	臺南第一高等女學校	●								
162.	臺南	臺南第二中學校	●		●						
163.	臺南	臺南高等工業學校		●							
164.	臺南	臺南師範學校	●								
165.	臺南	臺南地方法院	●							●	
166.	臺南	臺南州廳	●								

167.	屏東	潮州公學校	●							
168.	屏東	車城公學校	●							
169.	屏東	恆春公學校				●		●		
170.	屏東	阿里港公學校			●					
171.	屏東	日出公學校			●					
172.	屏東	竹園公學校			●					
173.	屏東	內埔公學校				●				
174.	屏東	萬巒公學校				●				
175.	屏東	楓港公學校				●				
176.	屏東	枋寮公學校				●				
177.	屏東	屏東公學校	●							
178.	屏東	大宮公學校					●			
179.	屏東	屏東第一小學校	●							
180.	屏東	潮州小學校	●							
181.	屏東	榮小學校			●					
182.	屏東	屏東農業學校					●			
183.	屏東	屏東高等女學校					●			
184.	高雄	高雄第一公學校				●				
185.	高雄	旗山第一公學校		●	●			●		
186.	高雄	仕隆公學校							●	
187.	高雄	田寮公學校						●		
188.	高雄	鳳山小學校					●			
189.	高雄	高雄第一小學校	●		●	●	●			
190.	高雄	高雄第二小學校	●							
191.	高雄	高雄第一中學校					●			
192.	高雄	高雄第一高等女學校	●			●				
193.	高雄	高雄工業學校					●			
194.	高雄	高雄州廳	●							
195.	宜蘭	宜蘭公學校	●	●		●				
196.	宜蘭	宜蘭小學校			●					

編號	地區	名稱									
197.	宜蘭	順安公學校			●						
198.	宜蘭	宜蘭農林學校	●								
199.	花蓮	富田公學校						●			
200.	花蓮	玉里公學校						●			
201.	花蓮	花蓮港公學校	●		●						
202.	花蓮	豐田小學校						●			
203.	花蓮	林田小學校									●
204.	花蓮	玉里小學校	●								
205.	花蓮	花蓮港廳壽小學校						●			
206.	花蓮	吉野小學校			●						
207.	花蓮	新城小學校	●								
208.	花蓮	花蓮港小學校									
209.	花蓮	花蓮港中學校	●								
210.	花蓮	花蓮港高等女學校						●			
211.	花蓮	花蓮港廳立農林學校						●			
212.	花蓮	花蓮港廳	●								
213.	臺東	臺東公學校	●				●				
214.	臺東	太麻里公學校				●					
215.	臺東	新開園公學校							●		
216.	臺東	臺東小學校	●								
217.	臺東	臺東廳	●								
218.	澎湖	馬公小學校	●								
219.	澎湖	澎湖廳	●								

（筆者整理）

　　從上表，已知有奉安設備的 219 處中，確定仍存有奉安設備 34 處，大致有 85%的奉安設備現今已不知所蹤。當初被視為神聖的奉安設備為何在戰後幾乎隱身消逝，推測與民國 40 年代中華民國省政府針對具象徵日本統治臺灣的留存紀念，一律進行修改、塗損或剷除等命令有關。

　　相關狀況從吳俊瑩的〈如何稱呼臺灣史上的「日本時代」？兼論戰後日式紀年與意象的清除與整理〉可以看到，文中將所整理的紀錄概分為六種：1.

文獻檔案；2. 紀念碑；3. 寺廟或家屋的牌匾、柱聯；4. 橋梁等建築物；5. 日常用品；6. 墓碑等。〔註74〕

　　不過，文中對於校園內的整理狀況是劃分為日常用品。於民國 36 年（1947）臺灣省行政長灣公署教育處下令，要求各級學校清除或改裝日治時期所設置的天皇神棚（神龕），校園內如有日本天皇的徽紋，也一併抹去，〔註75〕這裡所指的「天皇神棚（神龕）」應該為大麻奉齋殿或校內神社，是否有包含奉安設備無法得知。

　　另外像是紀念碑的部分有三種處理方式，分別是保持紀念物的造型，採置換的手段，或是拆除僅留基座另立他物，再來最便捷的方式就是直接置換或剃除字樣。

　　最晚至民國 63 年（1974）的《清除臺灣日據時代表現日本帝國主義優越感之殖民統治紀念遺跡要點》（臺內民字第 573901 號函），由中央政府對於所有日治時期的遺留做通盤處理。

圖 14：修復前鹽水國小校內神社

引自：臺南市文化資產管理處，http://tmach-culture.tainan.gov.tw/，瀏覽時間：2019 年
　　2 月 4 日。

〔註74〕吳俊瑩，〈如何稱呼臺灣史上的「日本時代」？兼論戰後日式紀年與意象的清
　　　　除與整理〉，《臺灣文獻》65 卷 3 期，2014 年 9 月 30 日，頁 68～80。
〔註75〕吳俊瑩，〈如何稱呼臺灣史上的「日本時代」？兼論戰後日式紀年與意象的清
　　　　除與整理〉，頁 77。

圖 15：修復後的鹽水國小校內神社

（圖版筆者自行拍攝）

約民國 40 至民國 60 年代，整體清除作業時間長達數十年。其中像是將各地的神社拆除或改為忠烈祠。如桃園市忠烈祠是由桃園神社改建（仍維持其神社配置與外觀），臺中神社拆除改建為忠烈祠，還有許多神社是直接拆除，原先配置的石燈籠、狛犬等則被分散移置他處；另外，安平古堡旁立的「贈從五位濱田彌兵衛武勇之趾」紀念石碑、恆春「兵器整備紀念之碑」、「忠魂碑」等，紀念碑字體不是被改刻就是直接鑿毀，嘉義布袋的「北白川宮紀念碑」未被破壞，但是被推倒棄置（後來找到才重新豎立）。

圖 16：恆春兵器整備紀念之碑　　　　圖 17：臺中神社石燈籠竿上的
　　　　碑字被剝除　　　　　　　　　　　　字體被覆蓋水泥

（圖版筆者自行拍攝）

除了以上較具體的建物碑碣外，就連相關配置，如神社神馬、石燈籠等，只要有日本意象的紋飾都是被清除。

圖18：僅剩鳥居的佳冬　　圖19：臺中神社神馬腰腹處的紋飾被清除
　　　　神社

（圖版筆者自行拍攝）

說明了當時對於日治遺留構建或意象裝飾等的鏟除施行。推測民國36年（1947）時校園執行清除作業，學校內奉安設備、以及與日本人有關的裝飾意象，皆在此時進行拆除、改裝或遮蔽。

並依對奉安設備的田野經驗，除了直接銷毀，部分的奉安設備則是從外觀進行塗裝，持續在學校內作為金庫使用。可能與奉安設備為銑鐵鑄造，箱體厚度多為五公分以上，一件重量高達數百公斤以上，單憑數人之力是不易移動有關，所以僅對奉安設備做塗裝等改變，持續使用或是隱蔽奉安空間。

圖20：外觀上的鳳凰紋飾遭到刮除或重新塗裝

（圖版筆者自行拍攝）

目前已知為奉安設備改建的有高雄中學校，奉安殿被改為蔣中正銅像，花蓮壽小學校奉安殿改為福德祠，三義建中國小奉安殿曾被改為涼亭；外觀上塗裝成其他顏色，有屏東中正國小、新屋國小、楓港國小的奉安庫；奉安庫上紋飾被刮除的，有虎尾合同廳舍等，泰山國小奉安庫更是再裝飾上國民黨徽，字樣改為出納庫；採遮蔽方式，為中山女高逸仙樓〔註76〕、原臺南地方法院〔註77〕，皆因建築重新整修後發現，另外從臺南高等工業學校禮堂（今成功大學格致堂）舊照片可知也有類似臺灣師範大學日治時期講堂奉安設備的凹陷壁龕，不過現況則為牆面。

政治為了訴求，會透過教育、身體感及媒體等試圖將人養成理想的國民。在臺灣，日治時期訴求忠君愛國，國民政府台來後則是忠黨愛國。而從教育面向來看，日治時期學習日本歷史、奉讀教育敕語、膜拜御真影等，對日本天皇的相關物件行最敬禮，逐漸統一校服、書包及鞋子等；戰後則是朗讀三民主義，向孫中山、蔣中正肖像鞠躬，對頭髮、襪子、裙子長度等學生服裝儀容管控。

圖21：政權轉化改向國父畫像敬禮

（圖版筆者自行拍攝）

〔註76〕https://www.facebook.com/dustmic/posts/1188534047826622，瀏覽時間：2019年1月20日。
〔註77〕臺灣臺南地方法院，http://tnd.judicial.gov.tw/hs/P1_1.asp，瀏覽時間：2019年1月20日。

　　在政治需求下，作為歷史根基的文獻可能被修改、刪除或空白，記憶載體的文物也可能被改建拆除，但是透過兩者的彙整爬梳，相輔相乘下希望可以發掘出更多貼近現實的歷史畫面。

第三章　奉安的時代背景與準備

　　20 世紀上葉，戴季陶依其對於明治維新後日本發展的分析，撰述了一本研究近代日本經典之一的《日本論》，提到「日本自己統一的民族文化，已經具備了一個規模，當然要求獨立的思考，於是神權說又重新勃興起來」。〔註 1〕

　　故分析奉安設備前，先說明日本在明治維新後，對於天皇行幸與神社建造等塑造天皇神聖性的操作，旨在讓身為統治者的天皇與被統治者的人民互相互動與認同，進而建置社會對於「日本」的認知，重新建構日本國國體。

第一節　天皇的神聖化

　　對於「民族」的概念是因應近代國家而形成，日本則是於明治時期開始以「大和民族」為民族國家核心，逐步建構現在所知的「日本國」。日本傳說中，天照大神孫子降臨日本國土，與天照大神約定世代統治日本，其後代為第一代天皇。傳統上，日本天皇被認為是天照大神後裔。古代的日本，天皇是具有實權，約 10 世紀末後，實際政權由征夷大將軍組織的幕府政府所掌權，之後依序歷經為鎌倉幕府、室町幕府、江戶幕府等三個幕府。

　　依傳說指出天皇具有統治日本國的正統性，中世後雖然政權旁落到幕府政府，但是幕府將軍仍是需由天皇所認命，且並非直接管理全部國土，而是分封給各地有力的領主（藩國大名，亦幕府下轄各地域行政體系的領導），形

〔註 1〕戴季陶，《日本論：一個外交家的日本風俗、政治、文化考》，臺北：不二家，
　　　　2018，頁 24。

成列強割據，同時各地大名在聽命於幕府將軍，呈現日本特有的封建制度。而日本此一封建制度到了 19 世紀，面對歐美列強的叩關遭受衝擊，開啟了近代日本國家體制改革的開端。

17 世紀江戶幕府執行鎖國政策，只對特定對象在特定區域內進行交流，在長崎、平戶與中國、荷蘭有貿易往來。嘉永 6 年（1853）的黑船來航〔註 2〕衝擊到日本的政局。原先各自分封為政的領主（藩國大名）與武士階級，面對當時社會風氣所提倡強調階級秩序的朱子學，以及列強侵擾、保持消極態度的幕府政府，態度開始轉向，呼籲江戶幕府要將實權還給天皇，並且抵抗外夷，開啟了紛亂的幕末時期。

慶應 3 年（1868）廢除幕府，建立明治政府。隔年明治 2 年（1869）版籍奉還（各地藩國將對各自的領土和轄內臣民的治理權交還給天皇），明治 4 年（1871）廢藩置縣（廢除藩國設置府縣制），確立中央集權。此時距離古代日本天皇親政已過了數百年。天皇長期不在政治上活動，國土長期分治，明治政府官員面對不平等條約威脅（如黑船來航後，江戶幕府與美國所締結的條約，其內容的片面最惠國待遇），以及對西洋進步文明的渴望〔註 3〕，以政權的穩固為優先己任，開始塑造以天皇為主的政治核心，建立人民對於天皇統治的認同。

與之所展開的措施就是執行了皇室行幸、與皇室相關的節日設立或神社興建、宗教信仰神道系統的梳理等等相關強化天皇神性的措施。明治 22 年（1889）《大日本帝國憲法》第一條「大日本帝國，由萬世一系之天皇統治之」與第三條「天皇為神聖不可侵犯」，更是從法律面落實天皇的神聖以及對於統治日本國的正統性，貫徹「日本是以天皇為中心的神的國家」的概念〔註 4〕。

一、政教合一

日本傳統宗教為神道，始於自古以來的自然崇拜與泛靈論。雖於佛教的

〔註 2〕 美國東印度艦隊司令佩里率領艦隊，強行駛入江戶灣，商談日本開國。
〔註 3〕 尤其是明治 4 年（1871）至明治 6 年（1873）間派訪的岩倉使節團，所出訪的成員感於歐美國家與日本之間的差異衝擊，進而引進許多新思維，並致力於改造日本。
〔註 4〕 牧原憲夫著，臧志軍譯，《日本近現代史卷二：民權與憲法》，香港中和出版，2016，頁 258〜259。

傳入日本後，神道一度式微，隨之神佛兩教逐漸互相混合，成為折衷的宗教信仰系統。而在明治時期天皇掌握實權後，作為確立天皇為神明後裔的神道信仰系統，勢必要對於宗教信仰系統要進行整治，展開了廢佛毀釋運動及神道國教化。

明治 3 年（1870）的〈大教宣布〉將明治天皇與日本神道中的諸神做連結，為神道國教化的開端，並將大日本帝國的體制確立為政教合一。之後〈神佛分離令〉下隨之而起的廢佛毀釋運動更是讓佛教勢力大遂衰退。

另外，《大日本帝國憲法》第二十八條：「日本臣民，在不妨害安寧秩序及不違背臣民義務之範圍內，有信教之自由」，確立日本國民的宗教信仰自由；但是在第三十條也提出日本臣民之間須遵守相當禮儀。所以，對於天皇的崇敬為國民義務，並且也為其神道信仰的對象之一，不與佛教衝突。

除了神道信仰的梳理外，也開始整修皇室的陵墓，建造和天皇有關的神宮。明治元年（1868）創建祭祀崇德天皇與淳仁天皇的白峯神宮，明治 29 年（1890）主祭第一代神武天皇的橿原神宮興建，明治 25 年（1892）主祭後醍醐天皇〔註5〕的吉野神宮設立，明治 28 年（1895）祭祀遷都平安京第 50 代桓武天皇的平安神宮〔註6〕創建，以及大正 9 年（1920）神格化明治天皇，明治神宮興建。

相關神宮的設立後，搭配明治初年確立神社制度，伊勢神宮〔註7〕也在此時被列於國家神道的頂點，並整合了以皇室、國家為中心的日本神社祭祀活動。

〔註5〕後醍醐天皇親政後因激進改革，與武士階級利益衝突，出逃吉野建立南朝，與足利幕府支持的北朝相對立。之後明治 44 年（1911）明治天皇宣布南朝為正統，推崇後醍醐天皇。

〔註6〕昭和 15 年（1940）將明治天皇的父親第 121 代孝明天皇加封祭神。

〔註7〕正式名稱為「神宮」，做為區別而冠上地名伊勢，主祭天照大御神。因其超越所有神社的特殊存在，未列入社格制中。而社格制在 1945 年後廢除了。

圖 22：平安神宮

（圖版筆者自行拍攝）

　　另外，明治 5 年（1872）政府宣布採用日本皇紀，是以第一代神武天皇
即位元年開始起算的日本紀年方式，與西曆（格里曆）並行使用，還針對與
天皇相關的節日進行制定。如天皇誕辰的天長祭，第一代神武天皇即位之日
的紀元節，以及之後為慶賀明治天皇的明治節等等，將神明等於天皇等於日
本國等的符號串連起來，確立君權神授的「皇國神道」。而明治政府的官員們
也憑此一模式確立了日本國的君主立憲制，具體落實於明治 22 年（1889）所
公布的《大日本帝國憲法》。

表 5：明治初期與皇國神道有關的詔勅、行幸

明治元年（1868）	頒布〈神佛分離令〉（3 月 28 日）。明治天皇即位（10 月 28 日）。創建白峯神宮。
明治 2 年（1869）	建立東京招魂社（靖國神社的前身）。版籍奉還。
明治 3 年（1870）	〈大教宣布〉頒布。日章旗正式定為日本海軍旗幟。
明治 4 年（1871）	社格制度制定。廢藩置縣。岩倉使節團出使外國。
明治 5 年（1872）	明治天皇行幸大阪、四國、九州等地區。宣布採用日本皇紀。制定紀元節。
明治 7 年（1874）	明治天皇初次參拜東京招魂社。

明治 9 年（1876）	明治天皇行幸東北與涵館等地區。
明治 11 年（1878）	明治天皇行幸北陸和東海道沿線地區。
明治 13 年（1880）	明治天皇行幸山梨和東山道沿線地區。《君之代》首次公開發表。
明治 14 年（1881）	明治天皇行幸北海道、秋田和山形地區。
明治 15 年（1882）	《軍人敕諭》發布。
明治 18 年（1885）	明治天皇行幸等山陽道沿線山口、廣島、岡山等地區。
明治 22 年（1889）	公布《大日本帝國憲法》。
明治 23 年（1890）	《教育敕語》發布。興建橿原神宮。
明治 25 年（1892）	設立吉野神宮。
明治 28 年（1895）	創建平安神宮。下關條約。

（研究整理）

　　而臺灣成為日本的殖民地後，不可免俗的也開始設立神社，極力宣傳皇國神道以及日本皇室神聖性的概念。明治 32 年（1899），山口透〔註8〕等人為臺灣布教神道，即有向總督府提出幾點建議，其中一點就有提到讓臺灣民眾奉拜神宮大麻（伊勢神宮所頒布的御札神符），達到順民之效。〔註9〕

　　臺灣的第一座神社為明治 29 年（1896）從臺南延平郡王祠改設的開山神社，第二座則是隔年的金瓜石社，是因應開發金瓜石礦山，為安定人心所設神社，第三座神社是明治 34 年（1901）建立，主祀死於臺灣的北白川宮能久親王的臺灣神社，總計日治時期臺灣官方認可的神社有 68 座。〔註10〕其中以臺灣神社是日本在殖民地上首座官方神社，亦為臺灣的神社中社格最高者，並於昭和 19 年（1944）增設天照大神後，升格成為臺灣神宮，社格為最高等級的官幣大社〔註11〕，與上述所提到的明治神宮、平安神宮、

〔註8〕之後為第一代臺灣神社宮司。
〔註9〕除了奉拜神宮大麻，還有在臺灣的行政區域興建神宮的參拜所，發行曆書，讓臺灣同日本使用同一曆法，建設招魂社，祭弔為國犧牲的的陸海軍英靈，以及在國家祝祭日時舉行慎重的儀式，使臺灣遵從日本習慣。參閱黃皓陽，〈神宮大麻奉齋殿〉，《臺灣學通訊》第 109 期，2016，頁 22。
〔註10〕戴誌良，《日本皇族來臺行跡與政治教化之研究》，國立臺北教育大學臺灣文化研究所碩士論文，2015，頁 74～75。
〔註11〕明治 4 年（1871）公布相關等規則，近代社格順序如下：官幣大社、國幣大社、官幣中社、國幣中社、官幣小社、國幣小社、別格官幣社，以上為官社，接續為府社、縣社、藩社、鄉社及村社等民社，再來則是有紀載，但是無社格。

橿原神宮、吉野神宮等為同級別。

圖23：臺灣神社大祭紀念明信片（台灣總督府發行）

（筆者收藏）

此外，在臺灣的主要行政區域也都設有神社，例如大正2年（1913）設立臺中神社、6年（1917）嘉義神社、9年（1920）新竹神社、10年（1921）花蓮港神社、12年（1923）臺南神社、13年（1924）臺東神社、昭和1年（1926）阿緱神社、2年（1927）宜蘭神社、7年（1932）高雄神社、11年（1936）基隆神社以及13年（1938）澎湖神社等。並且在社格部分，把臺灣行政區域的縣社升格到官社（由政府支付主要經費的神社），如新竹神社、臺中神社、嘉義神社皆被列為國幣小社，臺南神社則於大正14年（1925）升格至官幣中社。

並在學校內也可發現神道相關（或稱大麻奉齋殿、遙拜殿）的設立，以及昭和年間皇民化運動施行的「一街庄一神社」等。

以上可見透過在殖民地臺灣上的廣設神社以及將臺灣部分神社的層級提升，凸顯日本政府對於殖民地臺灣的重視程度，同時也知道將日本試圖將皇國神道深入到殖民地臺灣的各個角落。

二、在臺行啟的皇族

明治5年（1872）至18年（1885）間，明治政府有計畫、有組織的安排

明治天皇走遍日本國土，北至北海道，南至九州等。〔註12〕天皇身為天照大
神後裔，雖為統治者，同時也具有神性，自古即不輕易露面，更不論是長距
離的移動。因此再針對國家意識的建構，日本政府有意圖的安排天皇親自行
幸，也是從明治天皇開始，皇室成員頻繁的在日本國土上活動，且與日本國
民的進行互動。

　　而政府在天皇行幸的安排上，透過行啟路線的規劃，地方政府也會沿途
展開相關的社會建設，意在讓日本國民有「天皇的到來就是進步」的連結。
此外地方政府也會響應天皇行幸，號召國民列隊歡迎，藉此昭告明治天皇才
是政權的掌握者；反之，沿途的建設與國民讓明治天皇知道國土的治理狀況
外，透過親身蒞臨，讓天皇更加確立自身所掌握的政權。〔註13〕

圖 24：明治天皇行幸學校碑

（圖版筆者自行拍攝）

〔註12〕田中彰著，何源湖譯，《明治維新》，臺北：玉山社，2012，頁202。
〔註13〕牧原憲夫著，臧志軍譯，《日本近現代史卷二：民權與憲法》，香港中和出版，
　　　　2016，頁239～244。

　　田中彰的《明治維新》提到，為何天皇的形象會如此快速滲透入民眾心中，主要與日本傳統中的「活神」信仰有關，故與政府透過皇室的御成等暗示給國民的「天皇神聖性為與生俱來」的想法，無太大的牴觸被民眾接受。〔註14〕透過明治天皇行幸過程中的種種安排或建設，建構天皇與國民各自的認知，進一步呈現「天皇為日本的主人」。此外，除了天皇行幸外，之後亦搭配皇室成員的御成〔註15〕，持續延續此操作。

圖 25：官員排列奉迎閑院宮載仁親王抵達臺中車站

引自：陳武雄，《臺中市珍貴古老照片專輯　第四集》，臺中：臺中市政府，2000，頁258。

　　隨著臺灣成為日本的殖民地，相關皇室行啟、御成與神社的建設，從日本本島沿伸至臺灣。依戴誌良所整理的日治時期約有 36 次日本皇族來臺〔註16〕。其中，又以大正 12 年（1923）皇太子臺灣行啟是皇室中地位最高者。

〔註14〕田中彰著，何源湖譯，《明治維新》，臺北：玉山社，2012，頁 204～207；牧原憲夫著，臧志軍譯，《日本近現代史卷二：民權與憲法》，香港中和出版，2016，頁 244～246。其中提及此「活神信仰」並無立即轉化成「現人神」的服從，而是傳統風俗的再現。

〔註15〕陳煒翰，《日本皇族的臺灣行旅：蓬萊仙島菊花香》，臺北：玉山社出版，2014，頁 19～22。天皇外出視察稱為行幸，東宮太子為行啟，皇室成員為御成。

〔註16〕戴誌良，《日本皇族來臺行跡與政治教化之研究》，國立臺北教育大學臺灣文化研究所碩士論文，2015，頁 33～37。

　　來臺的緣由大致可分為軍事視察、統治視察、神社儀典或其他等類別，其中以軍事視察最多。而軍事視察主要與《大日本帝國憲法》第十一條明定天皇統帥大日本帝國帝國陸海軍，並授予大元帥軍階有關，故相關皇室成員大多於成年後皆授有軍職，被視為皇室義務，如加入大日本帝國海軍的高松宮宣仁親王（昭和天皇的皇弟），大正15年（1926）在戰艦上服役，因艦隊訓練而來臺視察。

表6：日治時期皇族成員行幸臺灣一覽

序	皇室成員	來臺日期		主要事蹟	類型
1.	北白川宮能久親王	明治28年（1895）	5月31日～10月28日？	率近衛師團攻臺	軍事視察
2.	伏見宮貞愛親王	明治28年（1895）	5月10日～10月29日	率軍登陸	軍事視察
3.	故北白川宮大妃富子	明治34年（1901）	10月24日～11月4日	臺灣神社鎮座式	神社儀典
4.	閑院宮載仁親王	明治41年（1908）	5月10日～10月29日	縱貫鐵路全通式	統治視察
5.	北白川宮輝久王	明治43年（1910）	5月10日～10月29日	臺南御遺跡所奉拜	神社儀典
6.	閑院宮載仁親王同妃	大正5年（1916）	4月16日～4月25日	臺灣勸業共進會	統治視察
7.	北白川宮成久王同妃	大正6年（1917）	5月10日～10月29日	臺灣神設例祭、遺跡地參拜	神社儀典
8.	久邇宮邦彥王同妃	大正9年（1920）	4月16日～4月25日	武德會總裁	統治視察
9.	攝政東宮裕仁太子	大正12年（1923）	4月16日～4月25日	次高山、壽山命名	統治視察
	伏見宮博義王			與東宮太子同行	
10.	秩父宮雍仁親王	大正14年（1925）	5月30日～6月3日	留歐途中經過	其他
11.	高松宮宣仁親王	大正15年（1926）	4月5日～4月17日	與第一艦隊同道	軍事視察
12.	故北白川宮大妃富子	大正15年（1926）	10月27日～11月1日	臺灣神社大祭典	神社儀典

13.	朝香宮鳩彥王	昭和 2 年（1927）	10 月 27 日～11 月 1 日	搜查戰史資料	軍事視察
14.	久邇宮朝融王	昭和 2 年（1927）	10 月 27 日～11 月 1 日	與第一艦隊同道	軍事視察
15.	久邇宮邦彥王	昭和 2 年（1927）	10 月 27 日～11 月 1 日	身分為陸軍檢閱使	軍事視察
16.	高松宮宣仁親王	昭和 2 年（1927）	10 月 27 日～11 月 1 日	練習艦隊演習	軍事視察
17.	伏見宮博義王	昭和 2 年（1927）	10 月 27 日～11 月 1 日	驅逐艦艦長	軍事視察
18.	東伏見宮周子妃	昭和 2 年（1927）	10 月 27 日～11 月 1 日	愛國婦人會總裁	統治視察
19.	賀陽宮恆憲王	昭和 6 年（1931）	6 月 5 日～11 月 1 日	陸軍參謀演習	軍事視察
20.	久邇宮朝融王	昭和 8 年（1933）	7 月 4 日～7 月 13 日	聯合艦隊演習	軍事視察
21.	伏見宮博義王	昭和 8 年（1933）	7 月 4 日～7 月 13 日	聯合艦隊演習	軍事視察
22.	高松宮宣仁親王	昭和 8 年（1933）	7 月 9 日～7 月 12 日	聯合艦隊演習	軍事視察
23.	伏見宮博恭王	昭和 9 年（1934）	9 月 23 日～9 月 28 日	聯合艦隊演習	軍事視察
24.	梨本宮守正王	昭和 9 年（1934）	10 月 1 日～10 月 15 日	出席臺灣武道大會	軍事視察
25.	昌德宮李王垠	昭和10年（1935）	1 月 17 日～2 月 1 日	視察	統治視察
26	久邇宮朝融王	昭和10年（1935）	2 月 26 日～3 月 3 日	練習艦隊演習	軍事視察
27.	伏見宮博英王	昭和10年（1935）	2 月 26 日～3 月 3 日	練習艦隊演習	軍事視察
28.	朝香宮正彥王	昭和10年（1935）	2 月 26 日～3 月 3 日	練習艦隊演習	軍事視察
29.	東久邇宮稔彥王	昭和12年（1937）	6 月 8 日～6 月 17 日	檢閱空軍	軍事視察
30.	賀陽宮恆憲王	昭和13年（1938）	1 月 15 日～1 月 16 日	軍務需求	軍事視察

31.	東久邇宮稔彦王	昭和13年（1938）	4月3日～4月11日	部隊檢閱	軍事視察
32.	故竹田宮恆久王妃、昌子內親王	昭和13年（1938）	6月27日～7月10日	慰問傷兵視察後方	統治視察
33.	朝香宮鳩彦王	昭和14年（1939）	3月20日～？	視察部隊	軍事視察
34.	竹田宮恆德王	昭和15年（1940）	2月21日～3月1日	南支軍狀視察回程	軍事視察
35	閑院宮春仁王同妃	昭和16年（1941）	3月10日～3月26日	視察	統治視察

（研究整理）

資料來源：戴誌良，《日本皇族來臺行跡與政治教化之研究》，國立臺北教育大學臺灣文化研究所碩士論文，2015。陳燁翰，《日本皇族的殖民地臺灣視察》，國立臺灣師範大學臺灣史研究所碩士論文，2011。

　　另外，從大正12年（1923）皇太子臺灣行啟〔註17〕來看，整體視察安排中，教育單位佔了相當大的比重，其次為產業設施、軍部設施、公務單位和其他等，可發現日本政府對於殖民地臺灣在教育發展上的重視。視察地點如下所列：

1. 產業設施：臺灣生產品展覽會、臺灣製鹽株式會社、殖產局附屬鹽水養殖試驗場、臺糖株式會社阿猴工廠及高雄岸壁築港等。
2. 軍部設施：臺灣軍司令部、基隆重砲兵大隊、臺灣第一步兵聯隊、臺灣第二步兵聯隊等。
3. 教育單位：臺北州太平公學校、臺北第一第三高等女學校、新竹尋常高等小學校、臺中第一尋常高等小學校、臺中第一中學校、臺南第一公學校、臺南第一中學校、高雄第一小學校等等。
4. 公務單位：博物館、高等法院。
5. 其他：臺灣神社、北白川宮御遺跡所及臺中水道水源地等。

〔註17〕戴誌良，《日本皇族來臺行跡與政治教化之研究》，國立臺北教育大學臺灣文化研究所碩士論文，2015，頁41。

圖 26：東宮裕仁太子參拜臺灣神社結束以及抵達臺北第一中學校

引自：郭双富、王佐榮，《東宮行啟：1923 年裕仁皇太子訪臺記念寫真帖》，臺北：蒼
壁出版，2019，頁 43、73。

　　皇室成員的北白川宮能久親王因在攻打臺灣時染病過世，為凸顯其對於
臺灣的功勞將其神格化，臨終之地興建為臺南神社。明治 34 年（1901）建設
臺灣神社，主祭能久親王，並將能久親王攻臺時駐足的所有場所興建紀念碑，
更列為臺灣史蹟名勝天然紀念物。而在皇族以神社儀典為目的來臺，主要除
了參加臺灣神社的祭典，亦會參拜能久親王的遺跡地；其他類型的視察地點
中亦可看到參拜臺灣神社、臺南神社以及遺跡所等。

透過表 6，可知大約二、三年就有皇族成員來臺視察，且針對皇室成員的視察，每每都需要投入龐大的資金在奉迎儀式、活動準備以及周邊管控等等所需的視察規劃，所費不貲。大正 12 年（1923）的皇太子行啟高達390,000 圓，大正 14 年（1925）秩父宮雍仁親王則花費約 100,000 圓，昭和 6 年（1931）賀陽宮恆憲王來臺 14 天，預算 35,000 圓，昭和 9 年（1934）伏見宮博恭王、梨本宮守正王御成，預算共列 109,000 圓。而昭和 6 年（1931）總督府總務長官年奉為 6,500 圓〔註 18〕。以上，所安排頻繁的皇室視察，搭配慎重的視察過程，都在呈現日本政府意在臺灣人的心中灌輸「日本天皇是尊貴之人」的概念。

第二節　奉安物件

除了藉由皇室視察來確立天皇的神性和對「天皇為神聖的」的認知外，亦透過如天皇盃、皇后盃等物件，來傳揚天皇的恩賜與獎勵〔註 19〕。教育為近代國家建構中的重要一環，培養未來的國民外，學校亦是灌輸其國家所認可之意識形態的重要場所。並且從上述的視察狀況中也可看到日本政府對於殖民地臺灣的教育相當重視的一環。

而學校教育中，以「修身」科來教導日本禮儀外，與天皇最有關聯、最為具體的即是天皇對於教育的指示的「教育敕語」，以及二戰前日本天皇及皇后的官方肖像照片的「御真影」，而這兩者可以說是近代日本國的統治象徵。〔註 20〕

明治 24 年（1891）〈小學校設備準則〉（文部省令第 2 號）第二條提到須對「教育敕語」與「御真影」進行供奉，需安置於校內安全的區域。〈小学校祝日大祭日儀式規程〉（文部省令第 4 號）則提到重大節日校方需對「教育敕語」與「御真影」舉行儀式，進行敬禮、奉讀及詠唱日本國歌等。明治31 年（1898）提出〈御真影與敕語謄本奉藏規程〉，對於奉安所、奉安庫等保護空間，提出細部規範，如防潮劑、防蟲劑的放置或警備巡邏〔註 21〕。

〔註 18〕陳煒翰，《日本皇族的殖民地臺灣視察》，國立臺灣師範大學臺灣史研究所碩士論文，2011，頁 31～32。
〔註 19〕皇室事典編集委員会，《皇室事典》，角川学芸出版，2009，頁 298。
〔註 20〕梁秋虹，〈天皇的肖像〉，《攝影之聲：太陽旗下的凝視　日本時代臺灣寫真帖特輯》第 12 期，2014，頁 108～109。
〔註 21〕《臺北高等商業學校一覽　昭和十五年度》，檢索自中央研究院臺灣史研究

一、教育敕語

「教育敕語」的頒布原為明治初期的教育內容偏重西洋教育，而忽略傳統上道德教育之重要。明治 23 年（1890）頒布「教育敕語」，即是天皇對於教育之話語（實際繕寫者是當時新政府的官員）。敕語內文中強調忠君愛國、忠孝一致等等的儒家家族觀，並視為國家最高教育理念。教育敕語的漢譯為：
〔註22〕

> 朕惟我皇祖皇宗肇國宏遠樹德深厚我臣民克忠克孝億兆一心世濟
> 厥美此我國體之精華而教育之淵源亦實存乎此爾臣民孝于父母友
> 于兄弟夫婦相和朋友相信恭儉持己博愛及眾修學習業以啟發智能
> 成就德器進廣公益開世務常重國憲遵國法一旦緩急則義勇奉公以
> 扶翼天壤無窮之皇運如是不獨為朕之忠良臣民亦足以顯彰爾祖先
> 之遺風矣斯道也實我皇祖皇宗之遺訓而子孫臣民所宜俱遵守焉通
> 之古今不謬施之中外不悖朕與爾臣民拳拳服膺庶幾咸一其德

　　而此一理念同時也是在與之前幕府的統治方式做一劃分。江戶幕府時期，人民是以效忠大名與幕府將軍為主。實際政權歸還予天皇後，此敕語除了表示對教育的重視，旨在透過天皇之口建立皇室的權威感，重新確立天皇與國民、統治者與被統治者之間的關係。

　　從敕語的內文用詞，就可留意到當時政府官員意在傳遞出「天皇等於國家」的概念。除了基本的孝友弟恭外，文中以「臣民」一詞即概括所有的日本國民，一開頭便提到臣民一心的重要，呈現天皇直接管理國民之感（不過實際上兩者中間，尚有內閣政府進行政策的討論與施行）；以及「此我國體之精華，而教育之淵源亦實存乎此」，強調國家與教育的關係；接續「一旦緩急，則義勇奉公，以扶翼天壤無窮之皇運。如是，不獨為朕之忠良臣民，亦足以顯彰爾祖先之遺風矣」，提到臣民應該為天皇無私奉獻，才得以支持天皇與國家；再來「實我皇祖皇宗之遺訓，而子孫臣民所宜俱遵守焉」，宣示日本臣民對天皇盡責為歷代的慣習。〔註23〕並於頒布後，隔年開始下賜敕語謄本給各

所「臺灣研究古籍資料庫」。http://rarebooks.ith.sinica.edu.tw/sinicafrsFront99/index.htm，瀏覽日期 2018 年 12 月 4 日。

〔註22〕片山一清編，《資料‧教育勅語──渙發時および関連諸資料》，東京：高陵社書店，頁 6。

〔註23〕蔡錦堂，〈教育勅語、御真影與修身科教育〉，《臺灣史學雜誌》2 期，2006，頁 134。

級學校，以便在政權轉換之際，透過教育加速建構人民成為以天皇為尊的國民。

圖 27：國立臺灣歷史博物館藏教育敕語卷軸局部

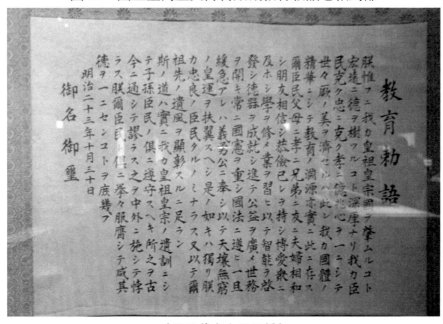

（圖版筆者自行拍攝）

　　明治 24 年（1891）開始透過各府縣下賜教育敕語謄本給各學校。不過在下賜的教育敕語中，還有分為全國公私立學校的「教育勅語謄本」，以及給帝國大學、文部省直轄學校的有天皇親書與印璽「親書の勅語」〔註 24〕。並於下賜同年，發生有「內村鑑三不敬事件」，為教師內村鑑三因自身為基督徒不向偶像敬禮（即教育敕語謄本、御真影），被視為大不敬之舉，而被解除教職。可知，當時社會一度對於與新時代思想潮流差異甚大的儒家家族觀也有所爭議，但是最終被政府所壓制下來。〔註 25〕

　　臺灣部分，明治 29 年（1896）分別以《國語傳習所規定》與《國語學校規則》來推展臺灣教育。明治 31 年（1898）發布《公學校規則》，第一章主旨第一條：「公學校以對本島人子弟施予德教、授予實學，養成國民性格的同時並使精通國語為主旨」，而國語所指即是日語，同時國民性格的養成所搭配的課程就是修身科。另外第三章第十條：「修身科主要教授內容分別是人道實

─────────────────────

〔註 24〕蔡錦堂，〈教育勅語、御真影與修身科教育〉，《臺灣史學雜誌》2 期，頁 136。
〔註 25〕蔡錦堂，〈教育勅語、御真影與修身科教育〉，《臺灣史學雜誌》2 期，頁 135。

踐的方法、日常的禮儀作法、教育敕語的大意、本島人民應遵守之重要諸制度的大要」，知道教育敕語謄本的內容其實就是政府所要建構的國民性。之後雖然公學校規則有所更正，不過大抵都延續此一方針繼續實施殖民地臺灣的教育，並在大正 3 年（1914）仿日本島內，由總督府發行修身科教科書給臺灣學校使用。

《臺灣教育沿革誌》記明治 30 年（1897）敕語漢譯文捧讀相關訓令宣布，勅頒謄本給國語學校及第一附屬學校與國語傳習所；明治 32 年（1899）記敕語謄本配發給公學校，〔註26〕總督府檔案則記有臺北縣 31 件、臺南縣 14 件、臺中縣 20 件及宜蘭廳 5 件等臺灣公學校的敕語謄本奉戴〔註27〕；明治 33 年（1900）總督府檔案內也是記錄敕語謄本下付給各學校。而以上可知下賜謄本的大都是公學校，並都有提到御真影、敕語謄本需有適當的場所或完善的設備才得已申請下付，且其奉置方法與地方須由地方長官報告之〔註28〕。

表 7：《臺灣教育沿革誌》記敕語謄本、御真影下賜

紀　　年	日　月	紀　　　錄
明治 30 年（1897）	2 月 18 日	敕語漢譯文捧讀相關訓令（第一五號）頒布
明治 30 年（1897）	4 月 28 日	頒賜教育敕語謄本給國語學校及第一附屬學校與國語傳習所
明治 32 年（1899）	3 月 28 日	教育敕語謄本配發給公學校
明治 32 年（1899）	3 月 28 日	賜御真影給國語學校
大正 4 年（1915）	10 月 21 日	召集直轄學校長及廳長舉行御真影頒賜儀式
大正 5 年（1916）	10 月 10 日	皇太子玉寫真頒發儀式
大正 5 年（1916）	12 月 8 日	頒發皇后陛下御真影給各校
昭和 3 年（1928）	10 月 3 日	於總督府舉行御真影奉戴式

資料來源：財團法人教育會、許錫慶譯注，《臺灣教育沿革誌（中譯本）》，南投：國　　　　史館臺灣文獻館，2010。（研究整理）

〔註26〕財團法人教育會、許錫慶譯注，《臺灣教育沿革誌（中譯本）》，南投：國史館臺灣文獻館，2010，頁 503、507。

〔註27〕〈明治三十二年甲種永久保存第一卷〉，臺灣總督府公文類纂。檢索自中央研究院臺灣史研究所「臺灣史檔案資源系統」。http://tais.ith.sinica.edu.tw，瀏覽時間 2018 年 12 月 4 日。

〔註28〕〈明治三十三年甲種永久保存第一卷〉，臺灣總督府公文類纂。檢索自中央研究院臺灣史研究所「臺灣史檔案資源系統」。http://tais.ith.sinica.edu.tw，檢索日期 2018 年 12 月 4 日。

　　推測在臺灣的敕語謄本下賜，以公學校為主學校，且可能因是殖民初期，在總督府檔案和教育沿革中所記錄；小學校則是依照文部省令皆有下賜，所以並未特地於總督府檔案與新聞報導中有所紀錄或發布。此一下賜記錄狀況可能也與公學校、小學校之別有關。小學校為日本小孩就讀，義務要奉讀敕語；公學校則是給臺灣小孩就學為主，以養成臺灣人具日本國民性格的為己任。故下賜敕語謄本外，加以記錄、報導接受下賜的公學校，進而達到政策上的宣導。

　　並依〈教育敕語、御真影與修身科教育〉中使用「外務省茗荷谷研修所舊藏資料」的記錄，可知臺灣在昭和 12 年（1937）小學校 143 間、公學校 788 間，而奉戴有敕語謄本的小學校 123 間、公學校 563 間〔註29〕；《臺灣省五十一年統計提要》記錄昭和 19 年（1944）的各級學校有 1269 間〔註30〕。從學校的統計間數，與有奉戴的學校數量，可知並非每間學校都有奉戴敕語謄本，且從部分學校沿革中，發現分校也有奉戴敕語謄本的狀況。如新屋公學校沿革中有到分校奉接教育敕語回校的記錄〔註31〕，推測尚無奉戴敕語謄本的學校，可能是學校尚未準備好適當的場所或設備，未能得到下賜許可。

二、御真影

　　說是天皇的肖像照，實則並非直接拍攝天皇，而是將義大利畫家繪製的肖像油畫修正後，再拍攝而成的照片。

　　明治天皇的第一張御真影拍攝於明治 5 年（1872），天皇身穿日本傳統服飾，持扇，正襟危坐的全身照。隔年，拍攝第二張時明治天皇的外貌已經改為西式短髮油頭，蓄鬍，身著大禮服配禮刀，並雙手交合放於腹部，身體後靠在椅背，坐於西式沙發椅。明治 21 年（1888）第三張御真影，明治天皇外貌一樣是西式油頭、蓄鬍，身著軍隊正裝禮服、配戴勳章與手持禮刀，但是相對於明治 5 年（1872）的御真影，身體較為挺直，並端坐於椅上，面容內斂神色威嚴，是目前最廣為人知的明治天皇御真影。

〔註29〕蔡錦堂，〈教育敕語、御真影與修身科教育〉，《臺灣史學雜誌》，2006 年 7 月，頁 149。

〔註30〕不包含盲啞學校、特種學校、私塾與幼稚園。

〔註31〕游銀安總編，《新屋 100》，桃園：新屋國民小學，2003 年，頁 50。

圖 28：明治 5 年（1872）、6 年（1873）、21 年（1888）明治天皇御真影

引自：梁秋虹，〈天皇的肖像〉，《攝影之聲：太陽旗下的凝視——日本時代臺灣寫真
帖特輯》第 12 期，2014，頁 108～109。

　　從明治天皇三種時期的御真影中，可看到不同時期對於御真影所呈現的
不同內涵，一開始仍遵循傳統，身穿日本傳統黃櫨染御袍，再來逐漸西化，
開始身穿軍服表示天皇的軍權，以及從身體姿勢上可見略帶輕鬆的倚靠椅背
上，再來則是到正襟危坐的呈現其統治者的威嚴肅穆之感。〔註32〕

　　天皇被視為神明在日本國上的後裔，是不可以隨意留下照片。明治維新，
因應外交事務，以御真影為國家元首象徵，是做為國家外交友好的交流物品。
之後更為了讓天皇的存在植入國民的生活，御真影的功能逐漸擴增，也有下
賜給軍艦或擁有爵位的個人〔註33〕。

　　其中，日本於明治 15 年（1882）開始將御真影下賜到文部省直轄學校、
官立（國立）學校等重點學校，但是實際下賜仍由宮內省（掌管天皇、皇室及
皇宮事務，為今天的宮內廳）安排。明治 20 年（1887）再下賜給各府縣立學
校，明治 22 年（1889）給部分的小學校，並限於優良或天皇行幸過的學校。
明治 25 年（1892）則是下賜御真影複寫本。〔註34〕

　　臺灣狀況，依《臺灣日日新報》報導明治 29 年（1896）下賜御真影給各

〔註32〕梁秋虹，〈天皇的肖像〉，《攝影之聲：太陽旗下的凝視——日本時代臺灣寫真
　　　　帖特輯》第 12 期，2014，頁 108～109。
〔註33〕樋浦鄉子，〈從台南市新化區的學校史觀察台灣的「御真影」〉，《歷史台灣：
　　　　國立台灣歷史博物館館刊》，第 17 期，2019，頁 36。
〔註34〕蔡錦堂，〈教育勅語、御真影與修身科教育〉，《臺灣史學雜誌》2 期，2006，
　　　　頁 137。

辦公廳舍〔註35〕，《臺灣教育沿革誌》記載明治33年（1900）賜御真影給國民學校，大正4年（1915）召集直轄學校長及廳長舉行頒發儀式，大正5年（1916）「向各校下賜御真影」〔註36〕，昭和3年（1928）於總督府舉行奉戴式，並下賜給公學校、小學校及官方廳舍等83處單位。〔註37〕大致從沿革誌上記錄的時間可看，依序為明治、大正、昭和三位天皇的御真影奉戴時間，且大正4年（1915）所頒發僅為天皇御真影，隔年才下賜皇后御真影及皇太子御真影〔註38〕，昭和3年（1928）的御真影則是於兩年後有做替換的動作。〔註39〕

　　而在樋浦鄉子對於臺灣御真影的整理，提到臺灣的下賜狀況，最初的部分學校御真影是從廢止的官廳轉載而來，大正9年（1920）行政區劃調整亦有此狀況出現，下賜時間集中於大正、昭和年間，且以小學校與初等教育以上的學校較多。對此，推論公學校的部分可能絕大多數都沒有奉戴御真影，其原因可能是未達下賜基準，或是沒有安排適當的奉安設備等，如就有幾間學校的御真影因潮濕而發霉變形，重新下賜並調整奉安設備的紀錄。〔註40〕

　　另外，從各學校設立來看，下賜奉戴敕語謄本的時間大致都在創校隔年，而有下賜御真影的學校則多是在數年後的大正、昭和年間，可能也是在說明御真影相較於教育敕語更為重要與需謹慎對待。

　　並，1890年代起皇室成員的照片開始出現在報章雜誌上，明治24年（1891）認可皇室照片的販售，明治31年（1898）取消皇室照片販售的法令，

〔註35〕〈各官廳下賜御眞影〉，《臺灣日日新報》第44號，明治29年（1896）10月24日。

〔註36〕蔡錦堂，〈日本治臺時期「國民精神涵養」研究──以「教育敕語」與天皇‧皇后「御真影」的探討為中心〉廈門：海峽兩岸臺灣史學術研討會會議論文，2004，頁265。「御真影、勅諭、勅語奉戴方ノ件上申」，檢索自國立公文書館「亞洲歷史資料中心」。https://www.jacar.go.jp/index.html，瀏覽時間2019年1月20日。

〔註37〕〈御眞影八十三組　奉迎の手筈　一旦府內奉安室に安置　三日府內に奉戴式を行ふ〉，《臺灣日日新報》第10217號，昭和3年（1928）9月30日。

〔註38〕財團法人教育會、許錫慶譯注，《臺灣教育沿革誌（中譯本）》，南投：國史館臺灣文獻館，2010，頁510、527、528、549。

〔註39〕樋浦鄉子，〈從台南市新化區的學校史觀察台灣的「御真影」〉，《歷史台灣：國立台灣歷史博物館館刊》，第17期，2019，頁54。

〔註40〕樋浦鄉子，〈從台南市新化區的學校史觀察台灣的「御真影」〉，《歷史台灣：國立台灣歷史博物館館刊》，頁37～39。

此外亦將皇室成員的重要活動拍照成冊。如大正天皇的《即位大禮紀念帖》、裕仁皇太子的《行啟紀念寫真帖》等，非單純藉由照片記錄，而是透過照片拍攝、複製，做為宣傳皇室，以及強化展演的效果。

依班雅明在《機械複製時代的藝術作品》中提到，各種複製技術改變了藝術作品的生產數量，同時也改變的藝術作品質量，加強了展演價值，另一方面應該也弱化的崇拜價值〔註41〕。班雅明雖然認為會弱化對於照片的崇拜性，不過此一論點在近代日本的御真影上卻可看到復制後價值建構的可行性，即是透過有條件的申請、下賜，規範保護的奉安設備與空間，還有後續的儀式性活動，持續強化其崇拜價值。

第三節　物件下賜與奉安

在日本取得殖民地臺灣後，初期武力抗爭不斷、傳染病盛行，面對與日本本島完全迥異的一座島嶼，勢必要付出相當程度的資源應援。故當時日本政府就一度討論到是否要把臺灣出售〔註42〕，後由兒玉源太郎阻止此計畫，並接任第四任臺灣總督，以後藤新平擔任民政長官，採用生物學原則，透過調查臺灣舊有風俗，了解臺灣與日本的各種差異，重新調整對臺治理，從中開始漸進式同化臺灣。

而早在日本治臺方針步入軌道前，教育作為近代國民養成的重要一環，於臺灣總督府第一任學務部長的伊澤修二即確立下臺灣教育以普及日語為主軸。明治28年（1895）成立芝山巖學堂，隔年即遭遇衝突，發生六名日籍老師遭到殺害的「六氏先生」事件，但是並不阻礙總督府學務的推展，持續設立國語學校與國語傳習所，並在明治31年（1898）改制，以傳習所為前身開辦為臺灣小孩就讀公學校，及提供日本小孩就讀的小學校等，臺灣的正式教育機構之始。

「六氏先生」事件發生的同年7月1日，由當時日本內閣總理大臣伊藤博文親自擬碑文，在芝山巖設立「學務官僚遭難之碑」，以彰顯日本政府對殖民地教育的重視。昭和4年（1929）更在六氏先生墓地原址附近設立芝山巖

〔註41〕班雅明（Walter Benjamin）著，許綺玲、林志明譯，《迎向靈光消逝的年代》，桂林：廣西師範大學出版社，1999，頁65。
〔註42〕稱為「臺灣賣卻論」，明治30年（1897）第三任總督乃木希典向議會提出將臺灣以一億日元賣出，其中法國有購買意圖。

神社，把六位日籍老師神格化，作為當時臺灣教育者的精神中心外，亦是一種對於教育恩德的無形宣傳。

一、臺灣的學校經營

日本在臺灣所推行的教育政策來看，看似一視同仁的義務教育，實際的執行面上還是有其經費考量，為了避免國家財政對殖民地臺灣的過度支出造成負擔，臺灣總督府也對此推出折衷方式。明治 31 年（1898）臺灣總督府公布《臺灣公學校令》，第一條即指出「限於可負擔之設置維持經費情況下，可向地方官廳提出學校設置之申請」，提出了適當的條件來釋出受教權。同年再公布《臺灣公學校令》，總督府召開教育事務管理者會議，討論出學校經費配比，教職員的薪資與旅費由官給〔註43〕，公學校則可利用以下六項為經費來源：1. 授業科（學費）。2. 特定收益（地方稅收，也就是日後協議費）。3. 寄附金（捐款）。4. 戶數割（按戶數攤分金額）。5. 資產割（按資產比例攤分金額）。6. 基本財產（多由人民捐款所成的學租組成），從上可看到總督府對於臺灣學校設置及之後運作甚為擔憂。

再者，日治初期學校的財務狀況是非常不穩定的，依〈日治前期臺灣公學校的經費籌措與財務運作（1898～1920）〉中透過對於學校經費來源與財務狀況分析研究，得知且絕大部分皆依靠協議費（如地區預算）來運作，之後得相關地方街庄長、保正等人為收取協議費之管道的相關法規修正，大正 9 年（1920）後學校收支才較趨於穩定，財務運作類似法人的獨立團體〔註44〕。但是也隨著學校的設立數量增加、學區的劃分與協議費調整等等因素下，實際上是讓學校財務呈現隱性的惡性循環，例如以借款還貸款的方式持續運作。

從「國家教育研究院所」所收錄眾多的校史專輯，參閱各學校的發展沿革，亦可發現與上述相互對應的證據，多數學校在創立初期都有經費籌措不易的問題。創立初期可能是先借用以地方廟宇廂房為教室，或由地方人士捐金、捐地、提供房舍等來給學校或教室使用，所以規模甚小，大多只有一兩間的校舍、教室，之後隨著就讀孩童的增加，地方人士或廟宇捐金、捐地支

〔註43〕李鎧揚，〈日治前期臺灣公學校的經費籌措與財務運作（1898～1920）〉，《臺灣文獻》第 64 卷第 1 期，2013 年 3 月，頁 46～47。
〔註44〕李鎧揚，〈日治前期臺灣公學校的經費籌措與財務運作（1898～1920）〉，頁64。

援學校教育，開始購買、擴建校園，從傳統竹編泥牆改成磚造校舍，或興建禮堂、宿舍等其他附屬建物。

　　例如樹林公學校是於明治 31 年（1898）得樹林區長黃純青、三角埔區長陳和盛及王作霖等人聯合提出學校設置申請，申請許可後先將校舍設立於王作霖的仰山書房，兩年後獲得捐贈及收買的方式取得校地，並興建土角牆瓦葺屋頂的教室使用，至大正初年才得以興建鋼筋水泥平房教室〔註45〕。其中，黃純青為日治時期的實業家，曾任樹林區長、庄長、臺北州協議會員、總督府評議會員、日本拓殖株式會社董事及臺北第三高女保護者會長等等，因歷年對日本統治臺灣，暨地方公共事業有卓越貢獻，授十幾次表彰，並授贈勳六等、瑞寶章及獲參列皇紀二千六百年式典〔註46〕；而王作霖則是前清秀才，創校後任樹林公學校教師，也授有紳章〔註47〕。

　　前身為中港分教所的中港公學校，最初校址暫設於中港慈裕宮，初期由地方菁英陳汝厚、許宗濂、黃克昌等人出力支援，明治 44 年（1911）才得總督府資助購入土地，建立校舍兩間〔註48〕。而上述三人皆在明治 30 年（1897）由臺灣總督府授予紳章，其中陳汝厚家族世代於中港庄發展，為地方望族〔註49〕，曾任有新竹縣參事、臺北縣參事等；許宗濂曾任辦務署參事，並設有私塾教漢學〔註50〕，黃克昌則任有中港街長，之後為中港庄長〔註51〕，且兩人都是前清秀才。

〔註45〕樹林國民小學百年校慶籌備委員會，《淡樹成林》，新北：樹林國民小學，1998年，頁 40～65。

〔註46〕檢索自中央研究院近代史研究所「近現代人物資訊整合系統」。http://mhdb.mh.sinica.edu.tw/mhpeople/index.php，瀏覽日期 2019 年 1 月 8 日。

〔註47〕檢索自中央研究院近代史研究所「近現代人物資訊整合系統」。http://mhdb.mh.sinica.edu.tw/mhpeople/index.php，瀏覽日期 2019 年 1 月 8 日。

〔註48〕林廷輝翻譯、林修澈注釋，《竹南國民小學沿革史》，苗栗：苗栗縣政府國際文化觀光局，2010。

〔註49〕檢索自中央研究院近代史研究所「近現代人物資訊整合系統」。http://mhdb.mh.sinica.edu.tw/mhpeople/index.php，瀏覽日期 2019 年 2 月 6 日。

〔註50〕前清秀才，明治 30 年（1897）任辦務署參事，同年臺灣總督府授紳章，並設有私塾教漢學。檢索自中央研究院近代史研究所「近現代人物資訊整合系統」。http://mhdb.mh.sinica.edu.tw/mhpeople/index.php，瀏覽日期 2019 年 2 月 6 日。

〔註51〕檢索自中央研究院近代史研究所「近現代人物資訊整合系統」。http://mhdb.mh.sinica.edu.tw/mhpeople/index.php，瀏覽日期 2019 年 2 月 6 日。

圖29：明治42年（1909）中港公學校仍借中港慈裕宮為教室使用

引自：苗栗縣政府文化觀光局「苗栗歷史老照片」，http://lib.mlc.gov.tw/webmlh/wd_
　　　Content640.asp?SID=1397，瀏覽時間：2019年1月9日。

　　阿罩霧公學校前身則是明治31年（1898）創設於霧峰林家頂厝的私塾，
大正9年（1920）新校舍才落成〔註52〕。楊梅公學校新屋分教場於明治38
年（1905）成立，也是由幾位區長連署申請在新屋設置，並以范姜開宏、開
超兄弟捐贈兩甲地作為校地，新屋庄長范姜騰〔註53〕更於隔年到臺北選購
校舍所用木料〔註54〕。鳳山公學校港仔墘分教場創立於明治42年（1909），
最初也是借用李清治庄長的民房做為教室使用，大正7年（1918）學生增
加，轉借用他人的竹屋當教室，隔年才得向糖業株式會社租用土地興建校
舍，大正10年（1921）獨立為小港公學校〔註55〕。

　　以上，透過幾間學校創設初期的概況，大致知道日治初期臺灣學校的辦
學困難，以及地方菁英對於教育的各種支持。

　　到了大正時期，大正7年（1908）縱貫鐵路完成通車，臺灣的城市也紛

〔註52〕谷瑞儉總編，《臺中縣霧峰國民小學百週年校慶特刊》，臺中：霧峰國民小學，
　　　　1997年，頁6。
〔註53〕曾任庄長、區長，亦為教師，授有紳章。檢索自中央研究院近代史研究所「近
　　　　現代人物資訊整合系統」。http://mhdb.mh.sinica.edu.tw/mhpeople/index.php，瀏
　　　　覽日期2019年1月8日。
〔註54〕游銀安總編，《新屋100》，桃園：新屋國民小學，2003年，頁48。
〔註55〕蕭文華、林義雄主編，《我愛小港・世紀領航》，高雄：小港國民小學，2009
　　　　年，頁52。

紛完成市區改正，臺灣發展日趨穩定。並從上述數間學校的發展沿革，也可以注意到了大正年間，學校也開始脫離借用校舍的窘境，有了獨立專屬的教育環境，不過在學校設備的部分仍有寄附的情況，可見學校在資金運用上仍有不足之處。

以新屋公學校為例，昭和3年（1929）網球場的施工費360圓由地方捐獻，昭和6年（1932）新屋公學校同窗會將購入250圓的中古鋼琴捐贈給學校，昭和10年（1935）以每位學生捐贈60錢所得總計420圓購入放映機，而當時的代課教師一個月薪資是30圓〔註56〕。臺南的花園小學校也可見到類似的狀況，且從學校沿革中可知設備費用多來自於總督府獎金，如明治40年（1907）把所得的總督獎金100圓用來購入風琴一臺，以及用民政長官所賜20圓獎金來買網球器材，明治42年（1909）則使用教育後援會捐款的800圓來興建操場，另外還可看到住吉秀松〔註57〕捐贈油畫兩大幅、尾崎幸捐贈收音機一臺及廣江萬次郎〔註58〕捐贈大型風琴一臺等在臺日本人對於學校的寄附。〔註59〕

綜合以上資訊，了解到臺灣學校創校初期的艱辛，在學校經費上雖然有相關來源，但是不論是校地、設備等等都還需要依靠地方菁英與畢業生、學生等支援，單就學校自身營運是無法一次到位建置較完善的教育環境。而學校作為人民進入社會前的教育場所，同時也是政府灌輸、教化人民成為政府所需的國民的輸出單位，從日治初期就可見到政府對於設立學校的冀望與對其經費的糾結，不過也在臺灣各地的地方菁英推動與協助下廣設學校，開始了臺灣近代化教育的一個重要起步。

二、奉安的過程與日常整備

從明治24年（1891）與明治31年（1898）等在申請下賜時，可知須提

〔註56〕游銀安總編，《新屋 100》，桃園：新屋國民小學，2003年，頁48。
〔註57〕實業家，推動臺南市的消防組合，曾任臺南市協議會員。檢索自中央研究院近代史研究所「近現代人物資訊整合系統」，http://mhdb.mh.sinica.edu.tw/mhpeople/about.php。瀏覽時間：2018年12月24日。
〔註58〕時任臺南中學校校長。檢索自中央研究院近代史研究所「近現代人物資訊整合系統」，http://mhdb.mh.sinica.edu.tw/mhpeople/about.php。瀏覽時間：2018年12月24日。
〔註59〕邱善宏主編，《公園國小創校百週年特刊 公園心 百年情》，臺南：公園國民小學，1998年，頁30～34。

出奉安規程，提出奉安的位置、設備，以及日常安排、急難規劃等等。以豐洲國民學校為例，奉安所是位在事務室內，設備為木製檯座上的雙開奉安庫，奉安庫內還要備有除蟲劑、除濕劑等，前方還有擺放屏風，一旁則是設置滅火器等防護器材，遇到災變時安排有第一、第二、第三等的奉遷所，分別是學校校長宿舍、豐原國民學校、豐原郡役所等，還有需定期奉檢並記錄狀況，還有提到若無值夜室，將採教職員輪值〔註60〕等等所規劃的奉安細則。

再者，推測下賜許可後，依昭和3年（1928）9月30日《臺灣日日新報》有關83組御真影奉迎來臺的報導，說明從基隆抵臺後，奉迎過程由文教局長總指揮，總督府文書課長等人穿禮服迎接奉持至基隆車站，路上有學生列隊歡迎，在搭乘特別列車〔註61〕從基隆到臺北車站，出站到總督府的路途上也都有安排學生列隊歡迎，先暫行奉安在總督府奉安室。〔註62〕之後再奉持到各行政廳舍，由下轄的支廳長，或之後的市長、郡守等人奉護回到廳舍，校長再前往廳舍奉迎回學校。〔註63〕其間以巡查、壯丁等護衛，學校並安排武裝學生護衛，恭送到學校奉安所保護。〔註64〕

並從宜蘭公學校、彰化公學校的奉戴過程中，都可見到兩旁列隊學生身著整齊，師長們也身穿制服，彰化公學校的師生們過程中還有施以低頭敬禮，奉持的師長更是要將敕語謄本或「御真影」高舉於肩膀以上。

〔註60〕 蔡錦堂，〈教育勅語、御真影與修身科教育〉，《臺灣史學雜誌》，第2期，2006，頁153。

〔註61〕 為皇室專屬服務的鐵道列車。

〔註62〕 〈御眞影奉迎　安置於府內奉安室　三日在府內舉奉戴式〉，《漢文臺灣日日新報》第10218號，昭和3年（1928）10月1日。

〔註63〕 〈敕語奉戴〉，《漢文臺灣日日新報》第1380號，明治35年（1902）12月6日。

〔註64〕 〈御眞影の奉戴式〉，《臺灣日日新報》第3435號，明治42年（1909）10月9日。

圖 30：彰化第一公學校御真影奉遷式情景

引自：國家文化資料庫，http://nrch.culture.tw/view.aspx?keyword=公學校&s=270414
&id=0005806443&proj=MOC_IMD_001#，瀏覽時間：2019 年 1 月 9 日。

而，奉安有御真影、敕語謄本的學校亦須於四大節日（紀元節、四方節、天長節、明治節）、學期始業結束、始政紀念日及敕語下賜紀念日等重要節日進行相關儀式。大正 1 年（1912）首次於〈公學校規程〉第 44 條提到相關儀式過程，依序為：〔註65〕

1. 教職員與學童合唱「君が代」
2. 教職員與學童對御真影行最敬禮
3. 校長奉讀「教育敕語」
4. 校長教誨敕語內容
5. 教職員與學童合唱該日慶祝歌曲

如果無奉安御真影則可略過第二項程序，像是鹽水公學校無奉安御真影，就無進行敬禮儀式，或是到有奉安御真影的學校進行奉拜，如新化公學校到新化小學校奉拜御真影。且依陳惠美口訪還原其過程，並非每次都有對於敕語內容都有進行訓示。

有下賜奉安物件的學校，儀式時由校長或教諭等人將裝有奉安物件的桐木盒及圓形紙筒從奉安設備中拿出，再將御真影與敕語謄本等物件從桐

〔註65〕 財團法人教育會、許錫慶譯注，《臺灣教育沿革誌（中譯本）》，南投：國史館臺灣文獻館，2010，頁 137。

木盒、紙筒取出，放在具有桐紋裝飾的漆器托盤來移動。新竹國小校史專輯，與南寮國小都仍可見到有此一托盤〔註66〕。移動過程中，師生們也都要適時的低頭敬禮，等到御真影懸掛穩固與敕語謄本順利取出後，全體合唱日本國歌「君が代」，之後進行御真影奉拜與敕語謄本奉讀，最後全體合唱節日慶祝歌曲，完成儀式。

圖31：新竹市南寮國小的五七桐紋漆器托盤

引用：蔡金元主持，嵐厝企業社創意執行，《106～107年度新竹市古蹟及歷史建築傳世文物普查計畫（一）北區》，新竹市文化局委託，2018，頁126。

圖32：新竹國小的桐紋托盤

引用：林淑娟等，《松柏互古，幀幀常青　新竹國小老照片說故事（三）》，新竹：新竹國民小學，2005，頁167。

〔註66〕蔡金元主持，嵐厝企業社創意執行，《106～107年度新竹市古蹟及歷史建築傳世文物普查計畫（一）北區》，新竹市文化局委託，2018，頁126。

－73－

奉安的日常整備狀況，則可從中港公學校沿革誌〔註67〕來看。昭和16年（1941）5月15日舉行升旗典禮，清掃奉安殿，並進行奉檢；7月1日舉行「興亞奉公日〔註68〕」，一樣清掃奉安殿，並進行奉檢，還有參拜神社；8月1日返校日，也是舉行升旗典禮，清掃及奉檢奉安殿；9月15日升旗典禮，清掃、奉檢奉安殿，還施行神社奉仕作業，以及頒賜青少年學徒敕語〔註69〕與奉讀；10月1日「興亞奉公日」，清掃奉檢奉安殿，進行校旗入魂式等等。並且在奉安設備前如有不敬行為，更是會鬧到學校無法上課，不敬的學生得停學一禮拜的處罰等。〔註70〕

接續，以高雄第一小學校〔註71〕為例，提到戰時對於奉安物件的遷移保護。昭和19年（1944）10月與隔年1月高雄遭遇空襲，開始停止上課，昭和20年（1945）2月疏散學童往臺中州，25日將敕語謄本與御真影遷至南臺灣漁業統治股份有限公司的防空壕溝，28日再遷往高雄州廳的防空壕溝。此外，昭和18年（1943）的〈學校防空指針〉亦有提到災害來臨時需對於敕語與御真影優先保護〔註72〕，且奉安後如有保護不當的狀況產生，校長、教職員及學生等人都會有所處置。〔註73〕

綜合以上，大致梳理出日治時期學校的奉安狀況，以及奉安設備的整備狀況，發現對於下賜環境與設備準備的慎重，下賜後日常檢視的頻繁與儀式性行為的安排，以及後續發生危急事件時對於奉安物件的保護與處置方式，進而了解日本政府對於奉安物件的極度重視，連帶的也影響到學校對於奉安

〔註67〕 林廷輝翻譯、林修澈注釋，《竹南國民小學沿革史：戰前篇》，苗栗：苗栗縣政府國際文化觀光局，2010。

〔註68〕 為國民精神總動員的一環，自昭和14年（1939）9月至昭和17年（1942）1月間施行的生活運動，訂於每月1日為興亞奉公日，進行升旗典禮、皇居遙拜、神社參拜及奉仕活動儀式等。

〔註69〕 昭和14年（1939）5月22日於東京皇居外苑舉行陸軍現役將校學校配屬令施行15年紀念，及全國學校教職員及代表學生校閱儀式，由昭和天皇發表的敕語，並發布給全國。

〔註70〕 宜蘭縣政府，《宜蘭耆老談日治下的軍事與教育》，宜蘭：宜蘭縣縣史館，1999，頁192。

〔註71〕 王智淵等編輯，《高雄市鼓山國小慶祝創校一百週年紀念專集》，高雄：鼓山國民小學，2009，頁74。

〔註72〕 潘繼道，〈花蓮港廳壽小學校奉安殿遺跡〉，《臺灣文獻》，別冊第19期，2006，頁37。

〔註73〕 宜蘭縣政府，《宜蘭耆老談日治下的軍事與教育》，宜蘭：宜蘭縣縣史館，1999，頁192。

設備準備的積極程度（是否有通過下賜申請，亦可凸顯各學校的能力），體現出多木浩二所提到透過下賜來可視化階級社會的結構。〔註74〕

　　之後則隨著二戰戰況大致抵定，日本政府下達對於敕語謄本與御真影等具有皇國精神的物件下達燒毀的命令〔註75〕，也是現今在各下賜單位中皆未發現有敕語謄本跟御真影的主要因素。

圖33：昭和20年（1945）8月14日戰敗後對御真影勅諭軍旗的處置

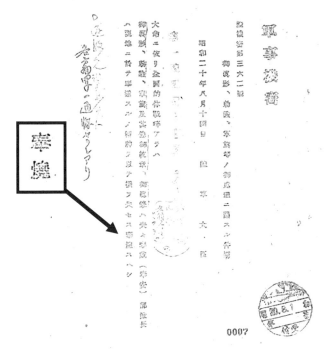

引用：國立公文書館「亚洲历史資料中心」。https://www.jacar.go.jp/index.html，

　　瀏覽時間：2019年1月9日）。

〔註74〕 樋浦鄉子，〈從台南市新化區的學校史觀察台灣的「御真影」〉，《歷史台灣：國立台灣歷史博物館館刊》，第17期，2019，頁35、47。

〔註75〕 蔡錦堂，〈教育勅語、御真影與修身科教育〉，《臺灣史學雜誌》，第2期，2006，頁155。「昭和20年8月14日　陸軍大臣　御真影勅諭軍旗等の御處理に関する件」。檢索自國立公文書館「亞洲歷史資料中心」。https://www.jacar.go.jp/index.html，瀏覽日期2019年1月9日。昭和20年（1945）8月14日日本無條件投降。8月15日天皇玉音放送，錄音宣讀《終戰詔書》。9月2日簽署降伏文書。

三、學校的下賜

　　上述提到教育敕語謄本與御真影下賜的狀況，以及對於敕語謄本、御真影的奉安慎重。反之，準備及具保護性質的奉安設備為申請下賜時的主要申請通過之條件，進而出現了專門保護敕語謄本或御真影之用的奉安設備或空間。

　　作者整理具有奉安設備、敕語謄本、御真影的學校有 202 間，其中位於臺北州 51 間、新竹州 30 間、臺中州 46 間、臺南州 30 間、高雄州 27 間、花蓮港廳 13 間、臺東廳 4 間、澎湖廳〔註76〕1 間。其中公學校 107 間，小學校 53 間，初等教育以上的學校 42 間。

圖 34：日治時期行政區奉安設備分布狀況

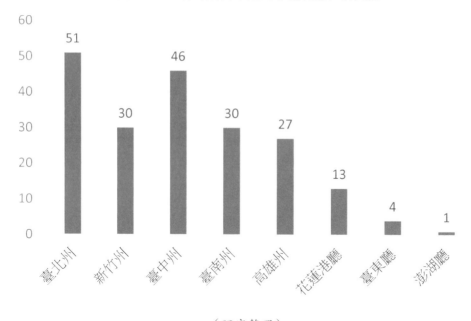

（研究整理）

〔註76〕大正 9 年（1920）臺灣改行州制，澎湖於大正 15 年（1926）脫離高雄州，獨立設置澎湖廳，為五州三廳。

圖 35：奉安設備形制於學校設置之狀況

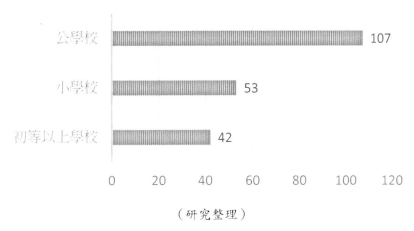

（研究整理）

　　可發現奉安設備與空間的設置以臺北州的學校最多，其次為臺中州，再來則是新竹州、臺南州。可能與行政單位主要所在大多位於臺北州有關，故在學校部分較重視奉安的準備；另外花蓮港廳亦有為數不少的學校，可能與日本移民村的發展有關。而昭和 15 年（1940）的公學校預計有八百餘間、小學校百餘間〔註 77〕，雖然隔年改制一律為國民學校，推測約有一成多的公學校與四成左右的小學校有奉安敕語謄本、御真影及設置奉安設備。

　　並且已知日治時期臺灣的學校經營不易，小學校有奉安設備的比例較公學校高，可能與就讀學生以日本孩童有關，且資源的取得上比公學校來的順遂因明治以來崇敬天皇被視為日本人的義務，故對於奉安準備更是看重。而公學校的奉安準備比例較低，推測可能與多數公學校因校務發展有限，未能建置較完善的奉安設備有關。

第四節　奉安的費用

　　為何公學校與小學校在設備設置上的差異？目前對於奉安設備的費用並無明確的資料，不過透過文獻資料整理分析，推測所費不貲。奉安庫的形制與功能參照金庫〔註 78〕，價金費用應該也相似，為數百圓至千圓；奉安

〔註 77〕王順隆，〈公學校漢文讀本及漢文教育〉，《臺灣學通訊》第 93 期，2016，頁
　　　　18～19。臺灣省行政長官公署，《臺灣省五十一年統計提要》，臺北：臺灣省
　　　　行政長官公署統計室，1946。
〔註 78〕「金庫型錄」，檢索自「典藏臺灣」，http://catalog.digitalarchives.tw/item/00/
　　　　22/15/01.html。瀏覽時間：2018 年 5 月 25 日。其中單開的金庫最小型要價

室、奉安所、奉安殿等更具規模,費用則至少千圓起跳。作者將所收集到的資料,對比日治時期寺廟改築修建的工事費用,來看奉安設備與空間的設置可行性。

表 8:可知的奉安設備寄付費用

序	學　校	設置時間	奉安設備	經　費
1.	老松公學校	昭和 4 年(1929)	御真影奉安殿	寄附 2430 圓
2.	龍山公學校	昭和 4 年(1929)	御真影奉安殿	寄附 2971 圓
3.	新庄公學校	昭和 4 年(1929)	敕語奉安庫	寄贈
4.	公館公學校	昭和 4 年(1929)	奉安庫	前庄長徐定標與現任庄長黃玉盛寄贈
5.	鶴崗公學校	昭和 4 年(1929)	奉安庫	
6.	苗栗第一公學校	昭和 9 年(1934)	奉安殿	2800 圓
7.	新竹公學校	昭和 13 年(1938)	御真影奉安室	寄附
8.	瑪陵公學校	昭和 14 年(1939)	敕語奉安庫	寄附 900 圓
9.	滴雅公學校	不明	御真影奉安殿	募資 2000 圓
10.	車城公學校	不明	敕語奉安庫	保正董金湖寄附
11.	山腳公學校	不明	奉安庫	校長購置
12.	新屋公學校	不明	敕語奉安庫	295 圓
13.	菁寮公學校	不明	奉安庫	寄附 192 圓
14.	高雄第二小學校	昭和 4 年(1929)	御真影奉安庫	2448 圓
15.	高雄第一小學校	昭和 4 年(1929)	御真影奉安庫	2354 圓
16.	高雄第一小學校	昭和 4 年(1929)	奉安殿	寄附 4175 圓
17.	新化小學校	昭和 6 年(1931)	奉安殿	898 圓
18.	新營小學校	昭和 7 年(1932)	御真影奉安殿	寄附 2000 多圓
19.	南門小學校	昭和 7 年(1932)	御真影奉安殿	寄附 3000 多圓
20.	新竹小學校	昭和 15 年(1940)	御真影奉安室	募資 5000 圓
21.	臺南第二中學校	不明	御真影奉安殿	2500 圓

備註:於高雄第一第二小學校紀錄為御真影奉安庫,依費用推測應是奉安室、奉安所或奉安殿等形制之設備。(研究整理)

　　明治 39 年(1906)八里大眾廟重修,修繕木料與工資等費用金 362 圓

320 圓,最大高達 2500 圓。

〔註79〕；大正 1 年（1912）蘆洲保和宮建築費用約 6,321 圓，雕造三十六官將神像則是總計花費約 1,736 圓；〔註80〕大正 6 年（1917）豐原慈濟宮重修，議定龍柱兩對 660 圓及石獅一對 240 圓〔註81〕；大正 13 年（1924）臺中樂成宮改建，募捐 27,601 圓；大正 14 年（1925）二林仁和宮重修，總計費用約 4,700 圓左右。

圖36：二林仁和宮與重修仁和宮碑記

（圖版筆者自行拍攝）

昭和 3 年（1928）臺中元保宮改築，大殿神龕花費 500 圓，石龍柱 250 圓〔註82〕；昭和 10 年（1935）霞海城隍廟重修，總工程支出 4,059 圓；昭和 11 年（1936）泰山巖重修，正殿中龕一座費用 1,600 圓，前殿石龍柱一對 440 圓等等〔註83〕，同年彰化南瑤宮重修，總工程支出近 100,000 圓，西螺廣福宮重建，總工程支出近 25,000 圓〔註84〕；昭和 12 年（1937）士林慈誠宮改築，工程費用高達 140,057 圓。

〔註79〕 「大眾廟修繕捐題碑記」，檢索自國家圖書館「臺灣記憶」，http://memory.ncl.edu.tw/tm_cgi/hypage.cgi?HYPAGE=index.hpg，瀏覽時間 2019 年 2 月 14 日。

〔註80〕 「保和宮建設記」、「保和宮雕造官將神像捐題碑記」，檢索自國家圖書館「臺灣記憶」，http://memory.ncl.edu.tw/tm_cgi/hypage.cgi?HYPAGE=index.hpg，瀏覽時間 2019 年 2 月 14 日。

〔註81〕 張麗俊著，許雪姬、洪秋芬、李毓嵐編纂解讀，《水竹居主人日記（五）》，臺北：中央研究院近代史研究所，2002，頁 66。

〔註82〕 「元保宮沿革誌（甲）」，檢索自國家圖書館「臺灣記憶」，http://memory.ncl.edu.tw/tm_cgi/hypage.cgi?HYPAGE=index.hpg，瀏覽時間：2019 年 1 月 14 日。

〔註83〕 「泰山巖重修碑誌（丁）」，檢索自國家圖書館「臺灣記憶」，http://memory.ncl.edu.tw/tm_cgi/hypage.cgi?HYPAGE=index.hpg，瀏覽時間：2019 年 1 月 14 日。

〔註84〕 李建緯，〈從文物看見歷史──臺中旱溪樂成宮既存文物與相關問題〉，《媽祖物質文化研討會──媽祖文化中的歷史物件、保存與再現》，臺中市：財團法人臺中樂成宮，2016 年 6 月，頁 39～41。

圖 37：士林慈諴宮與慈諴宮神農宮改築費收支計算報告碑記

（圖版筆者自行拍攝）

　　從上述對於日治時期寺廟改修築的費用來看，可發現宮廟神龕或龍柱一對的費用就須數百圓，等同於一件奉安庫的價金，且二林仁和宮三開三進規模的廟宇重建費可與奉安室、奉安所、奉安殿等建設費相比。

　　此外，寺廟的建設費用往往是由仕紳、地方望族與眾多信徒等一同寄附，來支持改修建，為其信仰影響力具體呈現，如泰山巖的重修捐資芳名錄有 300 位人士或單位等，其中寄附有百圓以上才 32 位。

　　奉安室、奉安所、奉安殿等動輒往往花費數千圓起，此一費用募資門檻極高，如板橋接雲寺大正年間重建，總費用近 5,000 圓，林本源家族為主要寄附者，其中林爾嘉、林祖壽、林柏壽等林家族人也才各寄附 800 圓、林松壽 700 圓〔註85〕；昭和 8 年（1933 年）建設鹿港公會堂，工程費用總計 15,000 圓左右；鹿港街役場支付 12,000 圓，其餘寄附費用中辜顯榮寄附最多，但也僅 400 圓，其次為玉珍齋黃長庚與鹿港信用組合，各寄附 300 圓。〔註86〕

　　以湊小學校在興建御真影奉安殿為例，經費得高雄市的支援 1,000 圓；新營小學校御真影奉安殿就是得有鹽水港製糖所、庄役所及有志者支援近 3,000 圓；不過也有像新竹小學校是企劃用學生的寄附來建設御真影奉安室。

〔註85〕「接雲寺重建碑誌」，檢索自國家圖書館「臺灣記憶」，http://memory.ncl.edu.tw/tm_cgi/hypage.cgi?HYPAGE=index.hpg，瀏覽時間：2019 年 1 月 14 日。寄附後的尾款則由倡建發起者劉嘉輝支應五百二十八圓。劉嘉輝亦為林爾嘉會計及顧問。

〔註86〕「創建鹿港公會堂寄附者芳名」，檢索自國家圖書館「臺灣記憶」，http://memory.ncl.edu.tw/tm_cgi/hypage.cgi?HYPAGE=index.hpg，瀏覽時間：2019 年 1 月 14 日。寄附百圓以上的有 14 位，50 至 30 圓有 23 位，30 至 15 圓有 27 位，10 圓有 56 位。

公學校的部分雖以奉安庫為主要形制，相對於御真影的奉安設備或奉安室、奉安所、奉安殿等設備的紀錄較少，不過不論是在準備哪種形制的奉安設備，可以知道應多採寄附或募資等方式處理。苗栗郡公館、鶴岡公學校的敕語奉安庫即是由公館庄前庄長徐定標、現庄長黃玉益為御大典紀念所寄附；恆春郡車城公學校也於創校紀念時得保正董金湖寄附敕語奉安庫；龍山公學校、新竹第一公學校等的奉安殿工費獲得保護會與有志者寄附；桃園公學校御真影奉安所是由桃園街協議會（即地方議會）進行規劃；豐原男子公學校欲申請御真影奉戴，但缺少奉安設備，預計邀集學生、畢業生來協議事宜；豐原女子公學校預計募資 2,500 圓左右為御真影奉安殿的建設費與購入鋼琴一臺；湳雅公學校也預計募資 2,000 圓為御真影奉安殿工費；老松公學校則是得招募所得約 3,000 圓，完成御真影奉安殿的興建。

圖 38：敕語奉安庫寄附報導

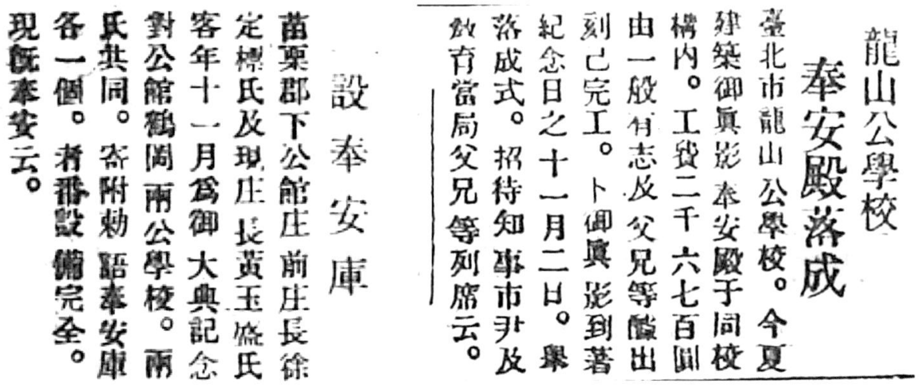
龍山公學校
奉安殿落成
臺北市龍山公學校。今夏建築御真影奉安殿于同校構內。工費二千六七百圓由一般有志及父兄等醵出刻已完工。卜御真影到著紀念日之十一月二日。舉落成式。招待知事市尹及教育當局父兄等列席云。

設奉安庫
苗栗郡下公館庄前庄長徐定標氏及現庄長黃玉益氏客年十一月爲御大典記念對公館鶴岡兩公學校。兩氏共同。寄附勅語奉安庫各一個。者番設備完全。現既奉安云。

引用：〈新竹／設奉安庫〉，《漢文臺灣日日新報》第 10326 號，昭和 4 年（1929）1 月 18 日。〈龍山公學校　奉安殿落成〉，《漢文臺灣日日新報》第 10581 號，昭和 4 年（1929）10 月 2 日。

此外，從《臺灣日日新報》的報導內容，發現奉安設備與空間的設置可能與學校創校周年紀念、御大典紀念事業或皇紀二千六百年紀念事業有關。像是老松公學校的三十周年紀念事業，就預計建築御真影奉安殿；新竹小學校、宜蘭公學校與南庄公學校也分別於創立四十周年紀念，建立御真影奉安殿；臺南二高女因應御大典紀念事業建築奉安室；玉里小學校、湳雅公學校、新竹小學校等則是依皇紀二千六百年紀念事業預計建設奉安殿或奉安室；岡山郡更是計畫於郡內各校與役場營造御真影奉安殿，並擴充岡山神社神苑。

圖 39：岡山郡皇紀二千六百年紀念事業

引自：〈岡山郡下首腦者會　協議各街庄豫算案　各學校役場將設奉安殿〉,《漢文臺灣日日新報》第 13230 號,昭和 12 年（1937）1 月 24 日。

　　從寺廟的改重建費用和寄附的額度來看,奉安設備或空間等高額費用的募資、寄附等頗具執行上的難度與局限,更不論日治時期臺灣學校窘迫的財務狀況,為了可以下賜和保護敕語謄本、御真影,在募集或籌措奉安設備、空間的費用上是各學校所需跨越的門檻。故推測學校在規劃相關奉安設備或空間設置上,也是其校務發展的一項指標,多安排於重要節日時進行,並且部分是倚靠外來募捐、寄附等方式獲得,小額寄附外,進一步呈現地方菁英、仕紳在奉安設備或空間上的表態,以顯示出台灣社會對於奉安設備或空間設置的重視。

　　另外,此一狀況可發現多發生是在昭和年間,除了高額募資費用所需的時間外,亦可能為當時的學校財務與臺灣開發等狀況日趨穩定,和當時的內地延長主義、之後的皇民化運動有關。

　　臺灣總督府於大正 9 年（1920）進行制度的改革,創設地方官選議會,隔年設置臺灣總督府評議會,大正 11 年（1922）以「法三號」取代「三一法」,使日本本土的法律適用且施行於臺灣,除此之外開始日臺共學制度,讓具備國語（日語）能力的臺灣學生不必受到資格的限制,可以就讀各級教育學校,把殖民地亦當作日本本島的延伸；昭和年間的政策更是強勢,如要求改日本姓氏、推動「國語家庭」、寺廟整理與正廳改善、廣設神社、提倡皇民奉公等

等措施，其中在報紙上報導相關奉安設備或空間設置的新聞，除了訊息傳播外，亦是搭配皇民化運動，作為忠君愛國和同化成效的宣傳，像是皇紀二千六百年奉祝紀念事業之一為建設御真影奉安殿等〔註87〕。

〔註87〕蔡錦堂，〈「紀元二千六百年」的日本與臺灣〉，《師大臺灣史學報》，第1期，2007年12月，頁77～78。林廷輝翻譯、林修澈注釋，《竹南國民小學沿革史》，苗栗：苗栗縣政府國際文化觀光局，2010年，頁400。

第四章　奉安設備之研究

梳理了奉安的歷史背景，了解學校內敕語謄本、御真影及奉安設備或空間等三者的連結，雖然強調要先有完善的奉安設備或空間才可以下賜，但是從部分臺灣案例來看，亦有在下賜後才開始建設奉安設備的狀況。以下進一步說明奉安設備或空間在使用上的多種組合模式。

第一節　奉安設備上的圖範

對奉安設備與空間等形制進一步的整理分析，可發現上面多裝飾有桐紋、菊紋及鳳凰等紋飾。作者嘗試以圖像學理論來進一步了解為何在物件上會裝飾這些紋飾。

潘諾夫斯基圖像學理論中，三層的圖像中第一層是對圖範的初步理解，為構成藝術作品上的事實與表現的描述：「桐紋」為三片葉片朝下，上方依序開有三叢直立花穗的圖樣，鳳凰則是一對鳥禽，「菊紋」是一個周遭由數個圓弧長條型線條圍繞圓形中心而成；第二層是對圖範辨識，主要透過文獻、意象、故事、預言等來分析圖範意義，亦被稱為圖範研究（iconography）；第三層為理解不同的歷史情境與文化表徵下人類的綜合性直覺（心靈認知），如時代背景、文化特性及作品風格……等，綜合性的解釋其內在的含義或內容。〔註1〕

〔註1〕潘諾夫斯基著，李元春譯，〈圖像研究與圖像學〉，《造型藝術的意義》，臺北：遠流出版，1997年，頁31～62。

一、桐紋與鳳凰

　　鳳凰雖為虛構中的動物，與玄武、麒麟、龍等稱為「四瑞」，且在中國神話中，鳳凰出現於天下太平之時，喜歡棲息在木質軟韌，枝幹扶疏的梧桐木上。並進一步傳說明君出現，鳳凰鳴叫，非桐木不棲，故鳳凰與梧桐皆被視為吉兆的象徵。如奈良法隆寺藏的玉蟲廚子上面就可見到仙人乘鳳凰的圖案。

　　日本早於古代古墳時代（250 年～710 年）即可見鳳凰圖案的使用〔註2〕，之後更與日本神話中的八咫烏連結〔註3〕，並與桐竹等象徵吉祥寓意的植物組合起來，出現了桐竹鳳凰紋，平安時代（794 年～1192 年）成為天皇黃袍的固定紋樣和代表圖樣。現今於京都御所紫宸殿的高御座〔註4〕或裝儀馬車上亦可看見鳳凰佇立，御所內天皇接見大臣的房間，天皇寶座後方也繪有「桐竹鳳凰」帳壁畫。

圖40：立命館大學國際和平博物館藏御大典紀念拜觀紀念明信片

（圖版筆者翻拍自北師美術館《京都好博學》展）

〔註2〕 https://kotobank.jp/word/%E9%B3%B3%E5%87%B0-131802#鳳凰文，瀏覽時間：2018 年 5 月 28 日。依 1984 年《日本大百科全書》，奈良縣櫻井市穴師珠城山 3 號墳出土的古墳時代「金銅製雙鳳文透彫杏葉」（奈良國立博物館藏），為日本現今所知最早的鳳凰紋使用。

〔註3〕 胡煒權，《解開天皇祕密的 70 個問題第一部：天皇的歷史之謎》，臺北：時報出版，2019，頁 31～35。

〔註4〕 新任天皇行「即位禮正殿之儀」所站上的臺座。為王座或寶座，中國則稱為龍椅。

圖 41：筆者藏昭和御大典紀念明信片

（圖版筆者自行拍攝）

　　桐竹鳳凰紋更被視為幸運、高雅、神明保佑或天下太平的紋樣，被廣泛使用，且時常在許多傳統服飾上可以看見。〔註5〕除此之外，鳳凰象徵的祥瑞之義，亦使之廣泛出現，京都平等院、金閣寺、銀閣寺等等屋頂，以及神社神輿上亦是有裝飾鳳凰，其他如銅鏡、織品、家具等等日常擺件工具也都可見到鳳凰的蹤跡〔註6〕。

圖 42：神社神輿上鳳凰

（圖版筆者自行拍攝）

〔註 5〕　《簡明不列顛百科全書》，https://kotobank.jp/word/桐竹鳳凰文-53720，瀏覽時間：2018 年 5 月 28 日。

〔註 6〕　https://kotobank.jp/word/鳳凰文-131810，瀏覽時間：2018 年 5 月 28 日。依《簡明不列顛百科全書》，正倉院藏的唐鏡、織品，或其他時代的器物、織品、家具等都可見鳳凰裝飾，建築上如平泉中尊寺金色堂的須彌壇格狹間裝飾鳳凰。

圖43：織品上的鳳凰

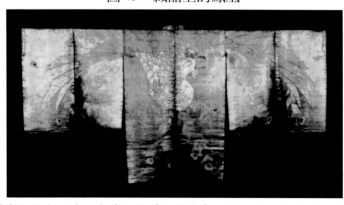

（圖版筆者翻拍自三井紀念美術館《金剛宗家の能面と能裝束特別展》簡介）

桐紋除了與鳳凰搭配出現，使用的範圍常見是在簽證、護照等文件上，作為日本政府象徵。另外，日本桐紋上的寬卵形大葉及紫色漏斗型花朵是為泡桐，與中國傳說「鳳凰非梧桐不棲」中的梧桐是不同科樹屬，已被混淆成日本桐紋。北宋陳翥的《桐譜》提到：「桐之材，則異於是。採伐不時，而不蛀蟲；漬濕所加，而不腐敗；風吹日曝，而不坼裂；雨濺泥淤，而不枯蘚；乾濕相兼，而其質不變。梗楠雖類，而其永不敵。與夫上所貴者卓矣！故施之大廈，可以為棟梁桁柱，莫比其固。」表示其木質穩定，不怕蛀蟲、不怕濕腐、不易折裂等等特性，故日本傳統上時常以梧桐木製成盒裝來保存物件。

圖44：梧桐木盒裝的記章

（圖版筆者自行拍攝）

　　自 12 世紀末幕府將軍〔註7〕開始暫替日本天皇行使政權（至 1867 年大政奉還）。天皇於 16 世紀末時下賜桐紋給豐臣秀吉〔註8〕，豐臣氏則將其設計成太閤桐紋（五三桐紋）作為家紋使用，其象徵意涵延續到了明治時期，仍為政權單位的慣用紋章，象徵政府的五七桐紋、五三桐紋在大禮服與勳章〔註9〕都可見到。現今日本內閣總理大臣仍使用五七桐紋來象徵所代表的日本政府〔註10〕，皇宮警察本部〔註11〕及法務省等政府單位，則是以五三桐紋的代表紋章。

圖 45：敕任官文官大禮服上可見五七桐紋

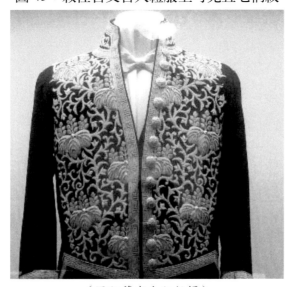

（圖版筆者自行拍攝）

圖 46：日本內閣總理大臣五七桐紋紋章

引自：維基百科，https://en.wikipedia.org/wiki/Government_Seal_of_Japan，瀏覽時間：
　　　2019 年 1 月 11 日。

二、菊　紋

　　菊花在奈良時代末期從唐朝傳來日本，在中國與梅竹蘭組合有「四君
子」之雅名〔註12〕。於日本起初因為其藥性有驅邪避疾之效，作為藥草之
用，後來為觀賞用途，具有消災除厄的吉兆之意為紋章使用，並不時於日本
古代文學中出現。到了鎌倉時代（1069～1333 年），因為後鳥羽上皇喜愛菊
花，皆在其持有物都打上菊紋，之後陸續幾位天皇也依序在持有物打上菊
紋標示，讓菊紋成為日本皇室的象徵。〔註13〕

　　另外，除了菊紋外，天皇依儀式的不同也會使用不同的紋章。如桐紋為
政權象徵；日月紋則是象徵王權，分別代表日本神話中的天照大御神、月讀
尊，作為神明嫡系、神權授予王權的依據。日本天皇即位一系列的御大典中
即使用日月紋、菊紋等的旗帳，天皇身穿桐、竹、鳳凰、麒麟等吉祥紋飾的
黃櫨染袍正裝，登上鳳凰佇立的高御座內發表即位宣言。

〔註12〕日本古代於奈良時代至平安時代初期，派遣使節前往唐朝達十多次，引入唐
　　　　朝文化，至 894 年廢止遣唐使。
〔註13〕明治神宮，http://www.meijijingu.or.jp/qa/jingu/06.htm，瀏覽時間：2018 年 5 月
　　　　28 日。依網站說明，菊花形象與太陽相似，故也為日本神話中太陽神天照大
　　　　神後裔的天皇的象徵。

圖 47：平成時代的「即位禮正殿之儀」

引自：走進日本，https://www.nippon.com/hk/japan-topics/c06107/?pnum=1，瀏覽時間：
2019 年 6 月 11 日。

圖 48：平成時代舉行儀式「即位禮正殿之儀」皇居宮殿中庭的擺設

引自：走進日本，https://www.nippon.com/hk/japan-topics/c06112/?pnum=1，瀏覽時間：
2019 年 11 月 11 日。

圖49：御大典紀念博覽會海報上的日月、八咫烏、菊紋旗帳

（圖版筆者翻拍自北師美術館《京都好博學》展）

圖50：昭和御大典紀念章

（圖版筆者自行拍攝）

　　到了明治初年，規範天皇家紋為「十六瓣八重表菊」，皇室分家的親王則是以「十四一重里菊」的變形紋飾為區別，例如伏見宮、北白川宮及現存的秋篠宮等等。並除了天皇專屬的工具，如裝儀馬車、特別列車等，嚴格使用「十六花瓣八重表菊」，大正15年（1926）〈皇室儀制令〉更禁止民間使用「十六瓣八重表菊」，〔註14〕使用了會受到嚴厲處罰〔註15〕。

〔註14〕〈菊御紋章取締の勵行〉，《臺灣日日新報第759號》，明治33年（1900）10月24日。

〔註15〕昭和22年（1947）5月2日，日本國憲法實施前日「皇室令及附屬法令廢止ノ件」廢止處罰。

圖 51：十六瓣八重表菊　　圖 52：北白川宮家紋　　圖 53：秋篠宮家紋

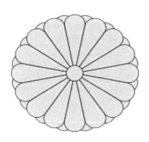  

引自：維基百科，https://ja.wikipedia.org/wiki/菊花紋章，瀏覽時間：2019 年 1 月 11 日。

　　與日本皇室、日本神話有密切關係的神社寺廟，亦可見到菊紋的使用。如平安神宮是明治 28 年（1895）為祭祀第 50 代桓武天皇的遷都平安京 1100 年而設立的神社，於昭和 15 年（1940）時為皇紀 2600 年，加封第 121 代孝明天皇為祭神；春日大社最初供奉的是土地神，之後成為藤原氏家社的春日社，開始逐漸發展成為國家舉行祭祀活動，其祭典在 14 世紀末成了為國家祭典，皇室成員也時常到此參拜；伏見稻荷大社也因為主祀農業豐收、經商致富等的稻荷神，自古也是國家級神社。以上神宮、神社皆懸掛有「十六花瓣八重表菊」紋的燈籠。而祀奉替日本與天皇所殉職的軍人，為皇國神道象徵的靖國神社，更是以「十六花瓣八重表菊」紋為社徽。

圖 54：春日大社的燈籠　　　　圖 55：昭和天皇行幸靖國神社

（圖版筆者自行拍攝）　　　引自：靖國神社，https://www.yasukuni.or.jp/history/
　　　　　　　　　　　　　　history.html，瀏覽時間：2019 年 3 月 14 日。

　　此外在舊海軍軍艦艦首、軍旗杆頭等等也都有裝飾「十六花瓣八重表

菊」。從日本政府所頒授的勳章種類中，最高級別「大勳位菊花章頸飾」、「大勳位菊花大綬章」及其次「桐花大綬章」等，及其他與皇室相關的紀念金盃、紀念幣、紀念章等等也都可看到菊紋、桐紋的使用〔註 16〕，表示菊紋、桐紋與天皇在日本帝國時國家發展中具有不可取代的象徵性。

圖 56：日本階級最高的大勳位菊花大綬章及其次的桐花大綬章

引自：內閣府勳章の種類及び授与対象，https://www8.cao.go.jp/shokun/shurui-juyotaisho-kunsho.html，瀏覽時間：2019 年 8 月 13 日。

圖 57：已廢止的勳八等白色桐葉章與皇紀二千六百年祝典紀念章

（圖版筆者自行拍攝）

　　接續圖像學理論的第三層次圖意學（iconology）研究，已大致辨識、了解桐紋、鳳凰、菊紋等圖像的歷史演變、風格特色、社會習俗與文化背景，並進一步分析詮釋其圖像使用，歸納得出綜合性且直觀的不同程度圖範理

〔註 16〕皇室事典編集委員会，《皇室事典》，角川学芸出版，2009，頁 290～293。

解〔註17〕。

　　了解到菊紋、桐紋、鳳凰等紋飾於日本的使用狀況與內在象徵意涵，菊紋與桐紋被視為天皇與日本政府象徵，鳳凰則是吉兆。天皇的「十六瓣八重表菊」雖然於明治時期開始嚴格規範使用，但在奉安設備上卻可看到菊紋的使用，如中港公學校雙開庫的山牆裝飾；又或者部分奉安庫的內部扇門，有完整或是組合式菊紋裝飾，如山腳公學校、三灣公學校等等。桐紋則是見於奉安設備或空間上鑰匙鎖的外觀造型，為五三桐紋或五七桐紋；部分奉安庫的扇門及其內層、山牆裝飾等也都有桐紋；還有寫實的桐葉裝飾，像臺中第一中學校、臺中州立農業學校、新化小學校等，點綴裝飾在扇門與山牆上。鳳凰則是在絕大多數的奉安門扇上可以看到，一對兩兩相視，或是如高御座、神輿，鳳凰站立在屋頂上。

　　且在每件可以辨識的奉安設備或空間上，幾乎都有看到有這三種紋飾的使用。透過上述的圖像研究，三種紋飾推測應是用來區別於奉安設備、空間與一般金庫、空間的不同使用。一般金庫或空間可以用來保管重要物品或倉儲，但是奉安設備或空間則是專屬用來保管敕語謄本、御真影等等被視為天皇分身的物件，並在規劃獨立空間後，在其內部加設上奉安設備來進一步加強保護功能。

　　且在奉安殿的外觀上除了三種紋飾外，建築形制上除了呈現倉庫的樣式外，部分使用流造、神明造〔註18〕等等日本神社的形制，讓奉安殿除了基本的保護功能之外，同時凸顯出保管物件所代表的神性（說明如後）。如臺北高等商業學校、八芝蘭公學校與三叉公學校等為倉庫形式；但是在新化小學校、南門小學校、臺北壽尋常小學校、高雄第一小學校及花蓮港廳壽小學校的奉安殿屋頂則是使用神明造，而三叉公學校奉安殿的屋頂上則佇立著鳳凰。

　　透過紋飾與物件交織的歷史、習俗與文化發展下，尤其是明治維新後對於天皇的神格化與皇室相關法令的制定，確立日本皇室與國家緊密連結，在奉安設備或空間的外觀、紋飾上特殊使用，都是在區隔出奉安設備、空間

〔註17〕潘諾夫斯基著，李元春譯，〈圖像研究與圖像學〉，《造型藝術的意義》，臺北：遠流出版，1997年，頁31～62。

〔註18〕神明造為日本傳統的建築型態，以伊勢神宮為代表，據說流造是從其發展而來，特色為正面屋簷向前延伸，長於背面屋簷，呈現流線型，以京都下鴨神社為代表。另外臺灣神社皆是採神明造形式。

與一般金庫、倉庫等的不同使用方式，以及暗示所保護的物件的尊貴性。

隨著日本二戰戰敗，昭和天皇發表「終戰詔書」，天皇第一次向日本國國民直接發表意見，同時也是國民第一次聽到天皇的聲音。之後在盟軍駐日最高司令部（通稱 GHQ）〔註19〕要求日本政教分離，把日本天皇從神的身份中抽離，昭和 21 年（1946）昭和天皇公布「人間宣言」，否定了自身的神性。雖曾一度想廢黜日本天皇，畢竟鑒於天皇於日本的社會文化及國家成立的用意深遠，只是剝離政治權力，仍保持其做為國家團結的象徵意義，並掌握國家祭祀、協助處理外交事宜及重大事件等。而天皇的「十六瓣八重表菊」紋也持續被視為日本國徽所認知（但是日本法律並沒有確立正式的國徽），如日本護照封面上的十六瓣菊紋。

第二節　奉安設備的形制

對於奉安的形制，蔡錦堂與潘繼道都有提到敕語與御真影一開始是以禮堂、校長室做存放，但是因為遭遇火災、地震等保護不易，為更加慎重的保護，在空間內設置金庫型的奉安設備。〔註20〕依陳美惠研究，得有單開、雙開奉安庫、奉安室、奉安所及奉安殿等類型，且相關的設置與學校能力狀況有關。

文獻回顧是依單一或幾件奉安設備或空間的狀況為研究標的，作者嘗試整理目前在全台所蒐集的資料，分為金庫形制奉安設備、建築附屬奉安空間等兩種來說明。

一、日治時期金庫

金庫的用意在於儲藏保護珍貴物品，所以具有防火防衛等所需之功能，作者依收集 51 件臺灣的金庫進行梳理，大致可知道日治時期金庫的使用多是商業、公務用途，少數為個人或寺廟使用。

〔註19〕 1945 年日本宣布無條件投降、二戰終止後，當時盟軍最高司令官麥克阿瑟將軍於日本所設立。至 1952 年 4 月 28 日間，透過日本國政府實行所謂「間接統治」。

〔註20〕 皇室事典編集委員会，《皇室事典》，角川学芸出版，2009，頁 524。

表 9：臺灣金庫一覽表

序	金 庫 位 置	類 型	件數	廠 商	備 註
1.	新芳春茶行〔註21〕	產業設施	1件	不明	
2.	日月老茶廠	產業設施	1件	阿倍野製	
3.	大溪老茶廠〔註22〕	產業設施	1件	不明	
4.	彰化郡米穀統制組合	產業設施	2件	裕□製	現存彰化縣文化局
5.	善化糖廠〔註23〕	產業設施	1件	阿倍野	
6.	菸酒公賣局嘉義分局	產業設施	1件	大倉製	
7.	臺灣銀行文物館	產業設施	1件	竹內製	
8.	新富町文化市場	產業設施	1件	明石製	
9.	臺紅茶業文化館	產業設施	1件	不明	
10.	松山菸草工廠	產業設施	2件	不明	
11.	屏東糖廠	產業設施	3件	後藤製、竹內製、不明	
12.	后里區公所〔註24〕	官方廳舍	1件	不明	
13.	冬山鄉公所	官方廳舍	1件	不明	
14.	麥寮鄉公所	官方廳舍	2件	不明	
15.	原臺南地方法院	官方廳舍	5件	佐藤製	
16.	海關博物館〔註25〕	官方廳舍	2件	不明	
17.	鹽水區公所	官方廳舍	1件	小林製	現存國立臺灣歷史博物館
18.	臺中一中〔註26〕	學校	2件	竹內製	
19.	臺中大同國小	學校	1件	不明	
20.	成功大學博物館	學校	1件	住倉製	
21.	原臺灣大學	學校	5件	大谷製	現存國立科學工藝博物館

〔註21〕李建緯教授提供。
〔註22〕大溪老茶廠，https://www.daxitea.com/tw/modules/pages/main，瀏覽時間：2018年12月6日。
〔註23〕李建緯教授提供。
〔註24〕蔡金鼎主持，嵐厝創意企業社執行，《臺中縣古蹟內古物普查計畫》，臺中縣文化局委託，2010。
〔註25〕李建緯教授提供。
〔註26〕王維安提供。

22.	臺灣大學校史館	學校	1件	稻清製	
23.	長榮中學	學校	1件	J.C&A Lord	
24.	新竹市北門國小	學校	1件	不明	
25.	泰安舊火車站	車站	1件	不明	
26.	打狗鐵道故事館	車站	1件	不明	
27.	追分火車站	車站	1件	不明	
28.	日南火車站	車站	1件	不明	
29.	菁桐火車站	車站	1件	不明	
30.	后里張天機宅〔註27〕	其他	1件	不明	
31.	馬鳴山鎮安宮〔註28〕	其他	1件	不明	
32.	嘉義花磚博物館	其他	1件	三菱製	
33.	湖口八角紅樓	其他	1件	不明	
34.	王天賜賜成洋家具店	其他	1件	不明	現存國立臺灣歷史博物館
35.	阮振鎰所有物	其他	1件	鏡谷製	
36.	鹿港長源醫院	其他	1件	台乙鐵□廠	
總計				51件	

（研究整理）

圖58：日治時期金庫

新芳春茶行　　　　　彰化郡米穀統制組合　　　　　善化糖廠

〔註27〕 黃俊銘主持，中原大學執行，《臺中市定古蹟后里張天機宅調查研究及修復再
利用計畫》，臺中市文化局委託，2013。

〔註28〕 盧泰康主持，國立臺南藝術大學藝術史學系執行，《雲林縣褒忠鄉馬鳴山鎮安
宮（五年千歲）重要文物登錄與初步研究計畫》，馬鳴山鎮安宮，2016。

日月老茶廠　　　　　　　原臺南地方法院　　　　　嘉義花磚博物館

成功大學博物館　　　　　　原臺灣大學　　　　　　　臺中一中

（圖版上排由李建緯教授提供，右下王維安提供，其餘作者拍攝）

　　金庫外觀可見為四方櫃體，附有滑輪，體積上皆有些差異。目前所收集的金庫多是雙開櫃，雙開扇門上由上至下可見成對的商標、把手及隱藏式滑蓋鑰匙鎖等配置，並在右側把手上方或側邊還配有一轉盤式密碼鎖；單開櫃的部分，扇門上配置由上至下，分別是商標、把手與轉盤式密碼鎖、隱藏式滑蓋鑰匙鎖。並在扇門後還有一層薄片鐵門，內部則是設有多層格木櫃，作為收納之用。

　　另外，從商標上可辨識出日治時期的金庫廠商有東京阿倍野金庫、大谷金庫、明石金庫、竹內製造、三菱製造、住倉製等等日本製造商，可知日治時期的金庫都是從日本進入臺灣。其中大谷金庫於明治24年（1894）東京市京橋區開業，後來移至京都市，持續營業之今。〔註29〕

〔註29〕株式会社大谷金庫本店，http://www.otani-safe.co.jp/。瀏覽時間：2019年2月
　　　　11日。

圖 59：金庫廠商的商標

善化糖廠（東京阿倍野） 　　　　臺中一中（竹內製造）

成功大學博物館（住 　原臺灣大學（大谷製）　嘉義花磚博物館（三
倉製）　　　　　　　　　　　　　　　　　　　菱製）

（圖版上排左李建緯教授提供，上排右王維安提供，其餘作者拍攝）

圖 60：金庫內收納木櫃

（圖版筆者自行拍攝）

　　昭和 12 年（1937 年）臺灣總督府執行第一次全臺家計調查，當時平均月薪為 40 圓以上 150 圓以下的中產階級占全臺人口總數 80%。〔註 30〕而金庫的價金就如大谷金庫型錄（下圖）所見，單開金庫最低要價 320 圓，雙開金庫最大高達 2,500 圓。〔註 31〕

圖 61：大谷金庫型錄

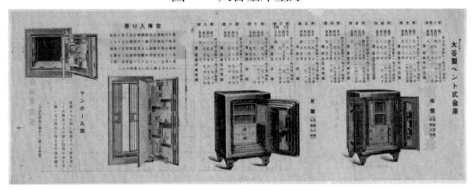

引自：「金庫型錄」，檢索自「典藏臺灣」，http://catalog.digitalarchives.tw/item/00/
　　22/15/01.html，瀏覽時間：2018 年 5 月 25 日。

　　大正 13 年（1926）年《臺中州統計摘要》〔註 32〕記錄臺中市土木工事工費施行額 101,045 圓；昭和 7 年（1932）《基隆郡郡勢概要》〔註 33〕內一棟警察官吏派出所的土木營繕費約 3,800 圓，教室一棟 2,000 圓，教員宿舍三棟 4,300 圓等等。

　　從金庫價金、昭和年的平均月薪來看，日治時期的金庫非一般大眾可購入使用，其價金遠超乎當時中產階級的平均月薪；再者，雙開庫的金額高達數千圓，幾乎等於一棟建物的建設費，如非具有一定資產者的地方菁英或仕紳，是不太可能負擔金庫的價金。

〔註 30〕王慧瑜，《日治時期臺北地區日本人的物質生活（1895～1937）》，國立臺灣師範大學臺灣史研究所碩士論文，2010，頁 34。
〔註 31〕「金庫型錄」，檢索自「典藏臺灣」，http://catalog.digitalarchives.tw/item/00/22/15/01.html，瀏覽時間：2018 年 5 月 25 日。
〔註 32〕《臺中州統計摘要大正十三年》，檢索自國立臺灣圖書館「日治時期圖書影像系統」。http://stfb.ntl.edu.tw/cgi-bin/gs32/gsweb.cgi/ccd=aIA0LY/main?db=webmge&menuid=index，瀏覽日期 2018 年 12 月 7 日。
〔註 33〕《基隆郡郡勢概要》（昭和 11 年 1936），檢索自國立臺灣圖書館「日治時期圖書影像系統」。http://stfb.ntl.edu.tw/cgi-bin/gs32/gsweb.cgi/ccd=aIA0LY/main?db=webmge&menuid=index，瀏覽日期 2018 年 12 月 7 日。

故已知有使用金庫者，如后里張天機〔註34〕在昭和9年（1934）《臺灣官紳年鑑》記有資產數十萬，及鹿港開業、設立長源醫院的許讀，出身鹿港著名商號謙和號的許氏家族〔註35〕；又或是新芳春茶行等商號，善化糖廠、松山菸草工廠等產業設施，公所、法院、火車站等公務單位，才可使用到金庫。

二、金庫形制的奉安設備

金庫形制的奉安設備上，無統一名稱，有奉安庫、奉安櫃、奉安箱等〔註36〕的名稱使用，部分設備上可看到有「庫」字或「奉安庫」三字，故將金庫形制奉安設備概稱為奉安庫。另外，對於勅語謄本或御真影等紙質類物件，推論還有使用梧桐木盒或鐵筒等收納，存放奉安庫中。

從老照片上來看，奉安庫位置多設置於校長室、辦公室內，並在前方設有鳳凰屏風、竹簾、布幔等，與校旗或錦旗、紀念旗等擺放在一起。如清水公學校、梧棲公學校、神岡公學校、竹東公學校、枋寮公學校、崙背公學校、內埔公學校等等。

圖62：苑裡公學校（左）、內埔公學校、清水公學校（右）

引自：李錫輝等編輯，《苗栗苑裡國民小學創校100週年校慶特刊》，苗栗：苑裡國民

〔註34〕張天機為臺中東勢角人（今東勢），曾任保正、內埔庄協議會員、后里圳評議員、農業組合評議會員、內埔信用組合監事等職務。昭和6年（1931）與當時內埔庄長（今后里）以地換地，興建了融合臺灣、日本、西洋等混合建築樣式的宅第。

〔註35〕https://travelingintime.ith.sinica.edu.tw/nlpi/journey_2_1.php，瀏覽日期2020年8月15日。

〔註36〕蔡錦堂，〈教育勅語、御真影與修身科教育〉，《臺灣史學雜誌》2期，2006，頁141。

小學，1997，頁 30。曾慶貞總編輯，《屏東內埔鄉內埔國民小學 110 周年校慶
特刊》，屏東：內埔國民小學，2007，頁 75。陳聰民，《楝花盛開時的回憶：日
治時期畢業紀念冊展圖錄第二冊》，南投：國史館臺灣文獻館，2005，頁 125、
126、127。

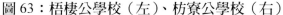
圖63：梧棲公學校（左）、枋寮公學校（右）

引自：陳聰民，《楝花盛開時的回憶：日治時期畢業紀念冊展圖錄第二冊》，南投：國
　　　史館臺灣文獻館，2005，頁 127。韓月香總編輯，《枋寮國民小學創校百周年
　　　校慶專輯　世紀揚帆》，苗栗：枋寮國民小學，2002，頁 116。

　　奉安庫如同金庫一樣為附有滑輪的四方櫃體，分有雙開庫跟單開庫兩
種，且單開、雙開可能與學校的重要性有關，市區或重點學校多是雙開庫，
其他則是單開庫〔註 37〕。單開庫的配飾亦是中間為手把、隱藏式鑰匙鎖並
列，下方為轉盤式密碼鎖；雙開庫的扇門配置上中間為成對手把，下方則是
成對隱藏式滑蓋鑰匙鎖，右側手把附近則有一轉盤式密碼鎖。奉安庫的外觀
上並未明顯看到商標，是以一對鳳凰裝飾，取代原本商標的位置，在隱藏式
鑰匙鎖的滑蓋上則是裝飾桐紋。並在鳳凰紋飾的表現上，有鳳凰吐息、尾羽
交纏等等不同樣式；鑰匙鎖滑蓋的桐紋裝飾，則是有五七桐紋、五三桐紋兩
種。

〔註37〕陳美惠，〈鹽水公學校內奉安庫之歷史意涵〉，《臺灣風物》第 57 卷 3 期，2007
　　　年 9 月，頁 100。

圖64：臺中第一中學校雙開庫（左）、峨嵋公學校、恆春公學校單開庫（右）

（圖版：左圖王維安提供，中間、右圖筆者拍攝）

圖65：奉安庫上的五七桐紋鑰　　　圖66：奉安庫上的轉盤式密碼鎖
　　　匙鎖

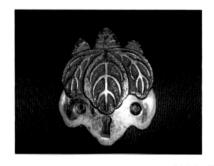

（圖版筆者自行拍攝）

圖67：溪湖公學校（左）、鹽水公學校、峨嵋公學校（右）等鳳凰紋飾

引自：百年風華義今昔，http://library.taiwanschoolnet.org/cyberfair2016/shps/treasure.
　　　html，瀏覽時間：2019 年 1 月 9 日。國立臺南生活美學館，http://old.tncsec.gov.
　　　tw/b_native_stage/index_view.php?act=home&c03=68&a01=0306&c04=3&num=
　　　1974，瀏覽時間：2018 年 5 月 18 日。

　　另外，雙開奉安庫除了在扇門上點綴鳳凰、桐紋或花瓣等等圖像外，上方還有類似山牆的裝飾，為可拆卸式，可分有山字形、圓弧形及凸型山牆等三種樣式，使用涵義推測似同街屋立面的概念，並裝飾有桐紋、菊紋等元素，為了加強裝飾的效果。

圖68：山式山牆（上）、弧形山牆及凸型山牆（下）

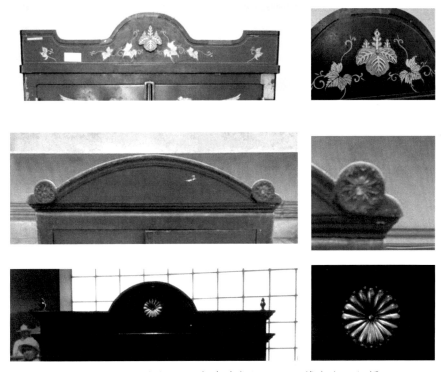

引自：上圖王維安提供、李建緯教授，下圖筆者自行拍攝。

　　以上大致知道奉安庫的外觀其實沒有制式樣式，不過鳳凰、菊紋、桐紋三者為主要裝飾素材。除了凸顯與一般金庫的裝飾美觀之外，亦是在呈現所保護的物件與天皇、國家的關聯，並暗示其尊貴性。

　　內部形制與金庫類似，在扇門後大多還有薄片鐵門，再來才是木櫃門。不過與金庫的多層格木櫃不同，奉安庫木櫃內還有一片竹簾，竹簾後才是用來擺放收納敕語謄本或御真影的空間。

圖 69：蕃薯寮公學校（左）、臺北第三高等女學校開奉安庫的內部（右）

竹
簾

引自：蕃薯寮公學校重要文物——奉安櫃，http://www.qsp.ks.edu.tw/2015cishan/
　　　main.htm，瀏覽時間：2018 年 11 月 27 日。國立臺灣師範大學臺灣史研究所，
　　　https://www.facebook.com/ntnu.taiwan.history/posts/2120121394750887，點閱時
　　　間：2019 年 4 月 27 日。

表 10：金庫形制奉安庫

序	單　位		外　觀　描　述	備註
1.	新店公學校	單開■ 雙開□	扇門上有金色鳳凰紋，四角的金色花瓣紋，中間金字「奉安庫」，配有手把、轉盤密碼鎖及桐紋鑰匙鎖，有山牆式裝飾，上有桐紋。	老照片
2.	山腳公學校（臺北）	單開■ 雙開□	配有手把、轉盤密碼鎖及桐紋鑰匙鎖，有山牆式裝飾。	
3.	峨眉公學校	單開■ 雙開□	扇門上金色鳳凰紋及四角的花瓣紋，中間金字「庫」，已剝落，配有手把、轉盤密碼鎖及鑰匙鎖，鑰匙鎖的桐紋外觀已損壞。	
4.	寶山公學校	單開■ 雙開□	扇門上金色鳳凰紋及四角的花瓣紋，中間金字「奉安庫」剝落，配有手把、轉盤密碼鎖及桐紋鑰匙鎖。	
5.	竹南公學校	單開■ 雙開□	扇門上配有手把、轉盤密碼鎖及桐紋鑰匙鎖，已鏽蝕。	

6.	三灣公學校	單開■ 雙開□	扇門上金色鳳凰紋及四角的花瓣紋，中間金字「庫」，配有手把、轉盤密碼鎖及桐紋鑰匙鎖。	
7.	山腳公學校（苗栗）	單開■ 雙開□	扇門上金色鳳凰紋及四角的花瓣紋，中間金字「奉安庫」剝落，配有手把、轉盤密碼鎖及桐紋鑰匙鎖。	
8.	後壠公學校	單開■ 雙開□	扇門上鳳凰紋及四角的花瓣紋，中間「奉安庫」，皆已剝落，配有手把、轉盤密碼鎖及桐紋鑰匙鎖。	
9.	公司寮公學校	單開■ 雙開□	扇門上配有手把、轉盤密碼鎖及桐紋鑰匙鎖。	
10.	四湖公學校	單開■ 雙開□	扇門鏽蝕嚴重，配有手把、轉盤密碼鎖及桐紋鑰匙鎖。	
11.	鶴岡公學校	單開■ 雙開□	扇門上配有手把、轉盤密碼鎖及桐紋鑰匙鎖。	
12.	鶴岡公學校南河分校	單開■ 雙開□	櫃體鏽蝕嚴重，已無扇門。	
13.	彰化第一公學校	單開■ 雙開□	櫃體鏽蝕，配有手把、轉盤密碼鎖及鑰匙鎖，鎖頭裝飾損壞。	
14.	新港公學校（彰化）	單開■ 雙開□	櫃體鏽蝕，配有手把、轉盤密碼鎖及鑰匙鎖，鎖頭裝飾損壞。	
15.	鹿港公學校	單開■ 雙開□	扇門上無紋飾，配有手把、轉盤密碼鎖及桐紋鑰匙鎖。	
16.	溪湖公學校	單開■ 雙開□	櫃體鏽蝕，配有手把、轉盤密碼鎖及桐紋鑰匙鎖。	
17.	西螺公學校	單開■ 雙開□	扇門上無紋飾，配有手把、轉盤密碼鎖及桐紋鑰匙鎖。	
18.	崙背公學校	單開■ 雙開□	扇門上鳳凰紋及四角的花瓣紋，中間「奉安庫」，配有手把、轉盤密碼鎖及桐紋鑰匙鎖，有山牆式裝飾。	老照片
19.	梅仔坑公學校	單開■ 雙開□	扇門上鳳凰紋及四角的花瓣紋，中間「奉安庫」，皆已剝落，配有手把、轉盤密碼鎖及桐紋鑰匙鎖，有山牆式裝飾。	
20.	龍船公學校	單開■ 雙開□	扇門上鳳凰紋及四角的花瓣紋，中間金字「奉安庫」，皆已剝落，配有手把、轉盤密碼鎖及鑰匙鎖。	
21.	鹽水公學校	單開■ 雙開□	扇門上鳳凰紋，中間金字「奉安庫」，剝落狀況，配有拉環式手把、轉盤密碼鎖及桐紋鑰匙鎖。	

22.	田寮公學校	單開■ 雙開□	扇門上配有手把、轉盤密碼鎖及桐紋鑰匙鎖。	
23.	內埔公學校 （屏東）	單開■ 雙開□	單開扇門庫放置於木櫃內，櫃上裝飾桐紋，扇門上鳳凰紋及四角的花瓣紋，中間「奉安庫」，配有手把、轉盤密碼鎖及桐紋鑰匙鎖，前方設有布幔，一旁為錦旗。	老照片
24.	枋寮公學校	單開■ 雙開□	單開扇門庫放置於木櫃內，櫃上裝飾桐紋，扇門上紋飾不明，配有手把、轉盤密碼鎖，前方設有布幔。	老照片
25.	楓港公學校	單開■ 雙開□	扇門上無紋飾，配有手把及鑰匙鎖、轉盤密碼鎖，其中鑰匙鎖外觀已損壞。已重新塗裝。位於辦公室內。	
26.	萬巒公學校	單開■ 雙開□	單開扇門庫放置於木櫃內，櫃上裝飾桐紋，扇門上紋飾不明，中間「庫」字，配有手把、轉盤密碼鎖，前方設有布幔。位於校長室內。	老照片
27.	竹園公學校	單開■ 雙開□	扇門上無紋飾，配有手把及鑰匙鎖、轉盤密碼鎖。已重新塗裝。	
28.	恆春公學校	單開■ 雙開□	扇門上金色鳳凰紋及四角的花瓣紋，中間金字「庫」，已剝落，配有手把、轉盤密碼鎖及鑰匙鎖，鑰匙鎖的桐紋外觀已損壞。	
29.	日出公學校	單開■ 雙開□	扇門上金色鳳凰紋刮除，重新塗裝，裝飾黨徽，四邊則是線條與花瓣紋，中間「出納庫」，配有手把、轉盤密碼鎖及鑰匙鎖。	
30.	富田公學校	單開■ 雙開□	扇門上無紋飾，配有手把及鑰匙鎖。	
31.	虎尾合同廳舍	單開■ 雙開□	扇門上鳳凰紋及中間遭到人為刮除，配有手把、轉盤密碼鎖及桐紋鑰匙鎖，有山牆式裝飾，上有桐紋。	
32.	新港奉天宮	單開■ 雙開□	扇門上鳳凰紋及四角的花瓣紋，中間「奉安庫」剝落，配有手把、轉盤密碼鎖及桐紋鑰匙鎖。	天皇壽牌基組
33.	八芝蘭 公學校	單開□ 雙開■	櫃體上有山牆式裝飾，上有桐紋。其他照片角度呈現不明。	
34.	臺北第三高等女學校	單開□ 雙開■	雙開扇門上無紋飾，配有拉環手把一對，有山牆式裝飾，上有桐紋。	奉安所內
35.	宜蘭公學校	單開□ 雙開■	雙開扇門上有鳳凰紋，配有手把一對、桐紋鑰匙鎖及轉盤密碼鎖，有山牆式裝飾，前方設有布幔與鳳凰屏風。	老照片
36.	樹林公學校	單開□ 雙開■	雙開扇門。其他照片角度呈現不明。	

37.	宋屋公學校	單開□ 雙開■	雙開扇門上有金色鳳凰紋，配有拉環手把一對，扇門上各有桐紋鑰匙鎖。	
38.	中壢公學校	單開□ 雙開■	雙開扇門上有鳳凰紋，配有手把一對，桐紋鑰匙鎖一對及轉盤密碼鎖一個，山牆式裝飾，有一木櫃承裝。	
39.	新屋公學校	單開□ 雙開■	雙開扇門上無紋飾，配有手把一對，桐紋鑰匙鎖一對及轉盤密碼鎖一個，有山牆式裝飾。已重新塗裝。（老照片上還有鳳凰屏風）	
40.	新竹公學校	單開□ 雙開■	雙開扇門上有金色鳳凰紋，配有拉環手把一對及鑰匙鎖一對，其中一件已損壞。山牆式裝飾。	奉安室內
41.	竹東公學校	單開□ 雙開■	雙開扇門上無紋飾，配有手把一對、鑰匙鎖一對及轉盤密碼鎖，扇門上個裝飾有桐紋。	老照片
42.	新埔公學校	單開□ 雙開■	雙開扇門。其他照片角度呈現不明。	老照片
43.	樹林頭公學校	單開□ 雙開■	雙開扇門上無紋飾，配有手把、鑰匙鎖一對及密碼鎖一件。已鏽蝕。	
44.	竹南公學校	單開□ 雙開■	雙開扇門上無紋飾，配有手把、鑰匙鎖一對。山牆式裝飾，上有裝飾菊花紋。	
45.	苑裡公學校	單開□ 雙開■	疑似雙開扇門櫃，前方設有布幔與鳳凰屏風。其他照片角度呈現不明。	老照片
46.	臺中第一中學校	單開□ 雙開■	雙開扇門上有金色鳳凰紋與桐葉紋，配有手把一對，桐紋鑰匙鎖一對，其中一件已損壞，及轉盤密碼鎖一個。山牆式裝飾，上有裝飾桐紋。	
47.	臺中高等女學校	單開□ 雙開■	雙開扇門上有金色鳳凰紋，配有拉環手把一對，一側為桐紋鑰匙鎖，一側轉盤密碼鎖，轉盤密碼鎖已換新。山牆式裝飾，上有裝飾桐紋。	
48.	臺中州立農業學校	單開□ 雙開■	雙開扇門上有金色鳳凰紋與桐葉紋，配有手把一對，桐紋鑰匙鎖一對，及轉盤密碼鎖一個。山牆式裝飾，上有裝飾桐紋。	
49.	明治小學校	單開□ 雙開■	雙開扇門上有金色鳳凰紋，各配有手把、桐紋鑰匙鎖一對。	
50.	清水第一公學校	單開□ 雙開■	雙開扇門上有鳳凰紋，配有手把一對，桐紋鑰匙鎖一對及轉盤密碼鎖一個，山牆式裝飾，上有菊花紋，前方設有鳳凰屏風。位於校長室內。	老照片
51.	神岡公學校	單開□ 雙開■	疑似雙開扇門櫃，前方設有布幔。其他照片角度呈現不明。位於辦公室內。	老照片
52.	梧棲公學校	單開□ 雙開■	雙開扇門上無紋飾，配有手把一對、鑰匙鎖一對及轉盤密碼鎖，扇門上個裝飾有桐紋。位於校長室內。	老照片

53.	彰化第一公學校	單開☐ 雙開■	疑似雙開扇門櫃，前方設有布幔與鳳凰屏風。其他照片角度呈現不明。	老照片
54.	溪湖公學校	單開☐ 雙開■	雙開扇門上有金色鳳凰紋，配有拉環手把一對，扇門上各有桐紋鑰匙鎖，一側已損壞。	
55.	寶公學校	單開☐ 雙開■	櫃體上有山牆式裝飾，上有桐紋。其他照片角度呈現不明。	
56.	新化公學校	單開☐ 雙開■	雙開扇門上有金色鳳凰紋及四角的花瓣紋，配有手把一對，及桐紋鑰匙鎖、轉盤密碼鎖各一件。	
57.	新化小學校	單開☐ 雙開■	雙開扇門上有金色鳳凰紋及桐葉紋，配有手把一對，及桐紋鑰匙鎖一對。山牆式裝飾，上有桐紋。	奉安殿內
58.	旗山第一公學校	單開☐ 雙開■	雙開扇門上有鳳凰紋，配有手把，及鑰匙鎖。	
59.	仕隆公學校	單開☐ 雙開■	雙開扇門上有無紋飾，配有拉環手把一對及桐紋鑰匙鎖一對。	
60.	恆春公學校	單開☐ 雙開■	雙開扇門上有鳳凰紋，配有拉環手把一對，山牆式裝飾。其他照片角度呈現不明。	老照片
61.	里港公學校	單開☐ 雙開■	疑似雙開扇門，其他照片角度呈現不明，前方設置有鳳凰屏風。位於校長室內。	老照片
62.	屏東小學校	單開☐ 雙開■	無法移動，紋飾呈現不明，可知有扇門上有鳳凰紋、外觀山牆式裝飾。	
63.	花蓮港高等女學校	單開☐ 雙開■	雙開扇門上有無紋飾，配有拉環手把一對及鑰匙鎖一個，外觀的桐紋遺失。	
64.	花蓮港廳立農林學校	單開☐ 雙開■	雙開扇門上有無紋飾，配有手把一對及鑰匙鎖一對。	
65.	玉里第一公學校	單開☐ 雙開■	雙開扇門上有無紋飾，配有手把一對、桐紋鑰匙鎖一對及轉盤密碼鎖。	
66.	林田小學校	單開☐ 雙開■	雙開扇門上有鳳凰紋，及四角的花瓣紋，配有手把一對，及桐紋鑰匙鎖、轉盤密碼鎖各一件。山牆式裝飾上有桐紋。	

（研究整理）

再者，關於高雄市第一第二小學校的御真影奉安庫報導，是描述「竣工

完成」；昭和 7 年（1932）12 月 23 日報導神明造〔註38〕外觀的新營小學校御真影奉安庫，使用「建設中」的詞彙，28 日則是「落成」〔註39〕。從《臺灣日日新報》內容中會發現，如公館公學校、車城公學校、五堵公學校及瑪陵公學校等的奉安庫報導，為敕語奉安庫。

　　以上，從部分的奉安庫報導描述中，發現雖然目前依外觀有劃分為金庫形制奉安設備、建築附屬奉安空間等兩種類別，但是在建築附屬奉安空間也有被報導成奉安庫。故，奉安設備的使用可能是有專指某種物件的收納，進而推測敕語謄本與御真影應有各自專用的奉安設備、空間。

表 11：標示有特定保管物件的奉安庫

序	單　　位	序	單　　位
1	臺北市役所御真影奉安庫	6	名間公學校敕語奉安庫
2	公館公學校敕語奉安庫	7	仕隆公學校敕語奉安庫
3	新庄公學校敕語奉安庫	8	五堵公學校敕語奉安庫
4	車城公學校敕語奉安庫	9	瑪陵公學校敕語奉安庫
5	水上公學校敕語奉安庫		

資料來源：臺灣日日新報（漢珍版），http://p81-tbmc.nlpi.edu.tw.eproxy.nlpi.edu.tw:2048/（研究整理）

三、建築附屬的奉安空間

　　而在金庫形制奉安設備外，還可再分為建築附屬的奉安空間，有奉安室、奉安所，以及獨立建築的奉安殿。此外，在部分建築附屬奉安空間內還會發現有金庫形制奉安庫的使用。

（一）奉安室／所

　　建築附屬奉安空間中，從相關文獻資料上來看，可稱為奉安室或奉安所等，但是與金庫形制奉安設備相同，也是無確切名稱。目前可見的奉安室、奉安所，大多為學校禮堂的附屬空間，如日新公學校、臺北高等學校、新莊

〔註38〕指日本神社的建築樣式之一。
〔註39〕〈高雄第一小學校の御眞影奉安庫上棟式〉，《臺灣日日新報》第 10490 號，昭和 4 年（1929）7 月 2 日；〈御眞影奉安庫　落成式舉行〉，《臺灣日日新報》第 11749 號，昭和 7 年（1932）12 月 22 日。

小學校、臺南高等工業學校、原臺南地方法院與旗山第一公學校等的學校講堂。

　　並在臺北高等學校、臺南高等工業學校等的禮堂講臺，在奉安空間外觀上還設置有木製扇門，就如同金庫形制奉安設備上裝飾鳳凰、菊紋、桐紋等的金屬扇門，在木質扇門也裝飾有繁複大氣的勳章飾（圖73），整體類似神龕的莊嚴樣式；又或者，在校舍內規劃一個空間，為奉安室／所，像是臺北旭小學校、新竹公學校、寶公學校等，都是在區隔出奉安室／所與校園、禮堂日常使用上的不同。

圖 70：旗山第一公學校講堂平面圖

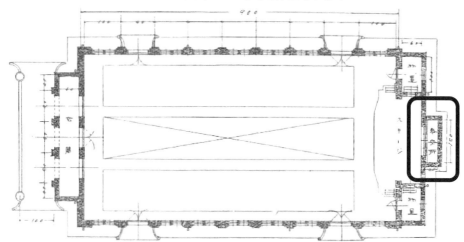

引自：《臺灣建築會誌　第 8 輯第 2 號》，檢索自中央研究院臺灣史研究所「臺灣研究古籍資料庫」。http://rarebooks.ith.sinica.edu.tw/sinicafrsFront99/index.htm，瀏覽時間：2019 年 1 月 11 日。

　　另外，部分的建築附屬奉安空間內還會有奉安庫的使用。昭和 12 年（1937）報導「竹東小公學校奉安室即將竣工，但奉安庫尚未購入……」〔註40〕，表示在奉安室或奉安所的空間內為求更加完善的保護，還會加設雙開奉安庫。如臺北高等學校與臺北旭小學校的奉安所奉安所內，都有雙開奉安庫；新竹公學校的奉安室內部則是設置木櫃臺來放置雙開奉安庫，且木櫃臺上還有裝飾桐紋。

〔註40〕〈竹東小公學校で近く奉安庫購入〉，《臺灣日日新報》第 13272 號，昭和 12 年（1937）3 月 7 日。

圖71：臺南高等工業學校講堂　　圖72：原臺南地方法院奉安所

（圖版筆者翻拍自格致堂簡介）　　　（圖版筆者自行拍攝）

圖73：臺北高等學校講堂奉安空間與內部奉安庫

引自：地球上的火星人──下巴（野地旅），http://theericel.blogspot.tw/2012/02/
0433.html，瀏覽時間：2018年5月25日。

圖74：臺北州新莊尋常小學校奉安所及講堂新築工事設計圖

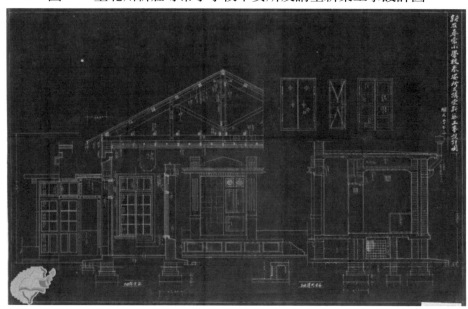

引自：「新莊街小公學校建築資金借入（指令第七四一一號）」（1943 年 12 月 01 日），
〈昭和九年永久保存第十八卷〉，《臺灣總督府檔案》，國史館臺灣文獻館，典
藏號 00010634001。

表 12：建築附屬的奉安室／所

序	單　位	序	單　位
1	總督府御真影奉安室*	7	新竹小學校御真影奉安室*
2	總督府中學校御真影奉安所*	8	新竹公學校御真影奉安室*
3	高等法院、臺北地方法院御真影奉安室*	9	臺中第一中學校
4	臺北高等學校講堂	10	員林公學校*
5	新莊小學校〔註42〕	11	臺南州嘉義高等女學校奉安所〔註41〕
6	日新公學校	12	臺南州廳御真影奉安所*

〔註42〕「新莊街小公學校建築資金借入（指令第七四一一號）」（1943 年 12 月 01
日）〈昭和九年永久保存第十八卷〉，《臺灣總督府檔案》，國史館臺灣文獻館，
典藏號 00010634001。戰後廢校。

〔註41〕檢索自臺灣歷史博物館「校園生活記憶庫」，https://school.nmth.gov.tw/article/
detail/1197/read，瀏覽日期 2019 年 3 月 1 日。

13	原臺南地方法院奉安所	17	旗山第一公學校禮堂〔註43〕
14	臺南高等工業學校講堂	18	潮州小公學校御真影奉安所*
15	臺南寶公學校〔註44〕	19	花蓮港陸軍兵事部御真影奉安所*
16	臺南陸軍衛戌部兵事部御真影奉安室*		

備註：*為臺灣日日新報記載（研究整理）

　　另外，在三叉公學校有一件正面刻有「敕語奉安所」及「昭和二年二月三十一日竣工」等字樣的石碑，參閱昭和10年（1935）墩仔腳大地震的災後復興其工事設計圖，其建物名稱為奉安殿。故可知三叉公學校原先是規劃或建設奉安所來保管敕語謄本，並在震災中損毀，災後建設新的奉安設備或空間，即目前所見的奉安殿。但是對於奉安所與奉安殿兩者之間的實際建設差異，仍是不明。

圖75：敕語奉安所石碑（左）與奉安殿新築工事設計圖（右）

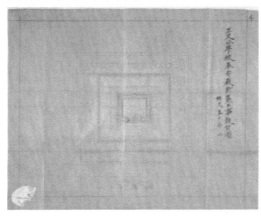

引自：國家文化資產網，https://nchdb.boch.gov.tw/assets/overview/antiquity/20141231
　　　000001，瀏覽時間：2019年2月4日。「新竹州三叉庄震災復舊資金（指令第
　　　一五九〇號）」（1936年3月01日），〈昭和十年永久保存第四十卷〉，《臺灣總
　　　督府檔案》，國史館臺灣文獻館，典藏號00010683004。

〔註43〕社團法人臺灣建築會，《臺灣建築會誌　第8輯第2號（昭和11年3月）》。
　　　　檢索自《臺灣研究古籍資料庫》，http://rarebooks.ith.sinica.edu.tw/sinicafrs
　　　　Front99/search/image_preview.htm，瀏覽時間：2018年5月25日。
〔註44〕孟慶慈，〈南市立人國小奉安室　重見天日〉，《自由時報電子報》，2008年05
　　　　月17日。

（二）奉安殿

目前臺灣尚存的奉安殿有新化小學校奉安殿和三叉公學校奉安殿，與奉安室、奉安所類似，部分奉安殿內有放置雙開奉安庫，如新化小學校奉安殿。依文獻回顧，奉安殿應是使用鋼筋混凝土等防火防災建材建造的獨立建物，其外觀類似神社造型，〔註45〕呈現凜然肅穆之感。〔註46〕從圖照資料來看，臺南二高女奉安室、新營小學校奉安殿〔註47〕、臺北壽小學校奉安殿、南門小學校奉安殿、高雄旗山國小奉安殿等，都是鋼筋混泥土造的莊嚴神明造〔註48〕；而新化小學校奉安殿的正面屋簷向前延伸，呈現流線型，亦為日本神社的傳統建築樣式之一的流造。

圖 76：神明造的建築樣式

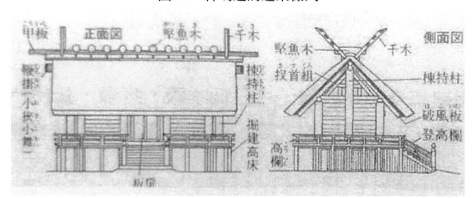

引自：鵤功，《圖解社寺建築》，理工學社，2000，頁 2。

〔註45〕 蔡錦堂，〈教育勅語、御真影與修身科教育〉，《臺灣史學雜誌》，第 2 期，2006，頁 140。

〔註46〕 亘理章三郎，《教育勅語と學校教育》，東京市：電新堂，1930，頁 113。檢索自中央研究院臺灣史研究所「臺灣研究古籍資料庫」，http://rarebooks.ith.sinica.edu.tw/sinicafrsFront99/search/image_preview.htm，瀏覽時間：2018 年 11 月 27 日。

〔註47〕 〈全島一の御眞影奉安殿　新營小學校庭に建設　二十三日奉戴式舉行〉，《臺灣日日新報》第 11751 號，昭和 7 年（1928）12 月 24 日。

〔註48〕 僅兩面坡屋頂，為日本神社的傳統建築樣式之一。

圖 77：南門小學校（左）、高雄第一小學校奉安殿（右）

引自：陳櫻桃、鄭志祥、鄭鳳錦等，《酷樣年代　風華再起：臺北市立南門國小百週
　　　年慶特刊》，臺北：臺北市立南門國小，2005，頁 26。王智淵等編輯，《高雄市
　　　鼓山國小慶祝創校一百週年紀念專集》，高雄：鼓山國民小學，2009 年，頁 68。

圖 78：流造的建築樣式與新化小學校奉安殿

（圖版筆者自行拍攝）

　　除了類似神社的建築樣式外，在奉安殿外觀還可看到倉庫的形制，如臺
北高等商業學校御真影奉安殿〔註49〕與三叉公學校奉安殿。而不管是那一種
奉安殿，從形制的使用上亦暗示出一些象徵涵義。使用倉庫的形制亦是如金
庫的使用，都在呈現出奉安的根本意義，就是為了要保管收納，和確保敕語
謄本、御真影的安全，而奉安殿的神社樣式即是配合被視為神明後裔的天皇
的神性，以及凸顯出所保護的物件的尊貴與重要性。

〔註49〕疑似仿倉庫形制的校倉造，牆壁以梯形或三角形橫截面的木材堆疊而成，日
　　　　本古代為倉庫使用，以正倉院為代表。

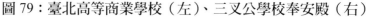

圖 79：臺北高等商業學校（左）、三叉公學校奉安殿（右）

引自：〈臺北高等商業學校一覽　昭和十五年度〉。檢索自中央研究院臺灣史研究所
　　「臺灣研究古籍資料庫」。http://rarebooks.ith.sinica.edu.tw/sinicafrsFront99/
　　index.htm，瀏覽時間：2018 年 12 月 5 日。

圖 80：校倉造的京都東寺寶藏　　　　　圖 81：二條城倉庫

（圖版筆者自行拍攝）

　　從已知的奉安殿資訊中會發現大多數是提供給御真影使用，此一狀況恰
可與部分奉安庫為敕語謄本使用之狀況呼應，表示敕語謄本與御真影應該有分開
存放保管的處理方式，以及表示了使用奉安殿的御真影，其奉安層級可能高
於使用奉安庫的敕語謄本。而關於奉安設備與空間的保護層級，推論最高者
為奉安殿，接續為奉安室、奉安所，再者則是便捷的奉安庫。

表 13：獨立建築的奉安殿

序	單　位	序	單　位
1	臺北高等商業學校	14	豐原男子公學校御真影奉安殿*
2	八芝蘭公學校	15	豐原女子公學校御真影奉安殿*
3	南門小學校御真影奉安殿*	16	湳雅公學校御真影奉安殿*
4	壽小學校御真影奉安殿*	17	臺南第二中學校御真影奉安殿*
5	老松公學校御真影奉安殿*	18	新化小學校
6	龍山公學校御真影奉安殿*	19	新營小學校御真影奉安殿*
7	宜蘭公學校御真影奉安殿*	20	高雄中學校御真影奉安殿*〔註 50〕
8	桃園公學校聖照奉安殿*	21	高雄第一小學校*
9	南庄公學校奉安殿*	22	高雄第二小學校*
10	芬園公學校御真影奉安殿*	23	花蓮港廳壽小學校御真影奉安殿*〔註 51〕
11	竹東小學校〔註 52〕	24	玉里小學校御真影奉安殿*
12	三叉公學校勅語奉安所*	25	臺東公學校御真影、敕語奉安殿*
13	臺中師範專門學校〔註 53〕	26	馬公小學校御真影奉安殿*

備註：*為臺灣日日新報記載（研究整理）

第三節　學校內的奉安設備

　　從文獻與田野資料的梳理，了解並非全臺的學校都有下賜有敕語謄本跟御真影，並依奉安高額的設置費用，以及所保管物件的差異，御真影的重要性應該高於敕語謄本，且兩者可能有各自奉安設備或空間，和加設金庫形制奉安設備等的使用狀況。

〔註 50〕陳怡碩，〈1940 年代高雄中學附近的地理環境與校舍環境的變遷〉，《雄中學報》第 10 期，2007 年 12 月 1 日。

〔註 51〕花蓮阿榮的花蓮人文、美食情報情報站，http://blog.xuite.net/d0963064845/twblog/94045973-2012%2F2%2F11 壽庄壽小學校奉安殿，瀏覽時間：2018 年 5 月 25 日。

〔註 52〕臺灣總督府檔案，〈竹東街學校營繕及店舖工事〉，典藏號 00010716004。戰後廢校。

〔註 53〕《創立十週年記念　臺中師範學校》，檢索自國立臺灣大學圖書館——數位典藏，http://cdm.lib.ntu.edu.tw/cdm/compoundobject/collection/card/id/1106/rec/1，瀏覽時間：2018 年 5 月 25 日。

　　關於金庫形制奉安設備的使用，參閱溪湖公學校、恆春公學校、中港公學校等的實例，三間學校皆有 2 件奉安設備，且單開、雙開奉安庫各 1 件。關於單開奉安庫的使用，在溪湖公學校單開奉安庫的扇門內部有一個商標處，有「御敕語奉安庫」字樣，可以明確知道是用來保護敕語謄本，鹿港公學校的單開奉安庫在商標處也有相同；溪湖公學校內還有一件雙開奉安庫，以此推測，即是保護御真影之用。進一步進論，恆春公學校與中港公學校的單開、雙開奉安庫應該也是分別用來收納敕語謄本與御真影。而中港公學校的雙開奉安庫可能原是放置在奉安殿內。

圖 82：溪湖公學校雙開、單開奉安庫

引自：百年風華義今昔，http://library.taiwanschoolnet.org/cyberfair2016/shps/
　　treasure.html，瀏覽時間：2019 年 1 月 9 日。

　　下賜後的奉安狀況，以新屋公學校、中港公學校、湊小學校等的學校沿革來觀察。中港公學校前身為明治 31 年（1898）的新竹國語傳習所中港分教場，一開始暫設於中港慈裕宮，同年改制為中港公學校，隔年下賜敕語謄本，明治 42 年（1909）獲頒御真影，昭和 11 年（1935）設置御真影奉安庫〔註54〕，並將敕語謄本奉遷至庫內，與御真影一同保護，昭和 16 年（1941）的興亞奉公日進行升旗典禮，清掃奉安殿，並奉檢。

　　新屋公學校前身為明治 39 年（1906）的楊梅公學校新屋分校，明治 42 年（1909）獲賜教育敕語謄本，明治 44 年（1911）獨立建校，昭和 4 年（1929）購入敕語奉安庫和設置鳳凰屏風，昭和 6 年（1931）崁頭厝分校前往奉迎敕語謄本回分校，昭和 17 年（1942）由青年團擔任敕語警備勤務。

〔註54〕此奉安庫，應該是雙開庫，且設於奉安殿內。

　　湊小學校則於明治 40 年（1907）創校，專供日本小孩就讀的小學校，明治 43 年（1910）獲賜敕語謄本，大正 4 年（1915）獲頒大正天皇御真影，昭和 3 年（1928）得頒昭和天皇御真影，昭和 4 年（1929）建設御真影奉安殿，昭和 5 年（1930）歸還大正天皇御真影，昭和 8 年（1933）新建配置有奉安室的禮堂，昭和 20 年（1945）將敕語謄本、御真影遷往防空壕溝。

表 14：新屋公學校、中港公學校、湊小學校等下賜奉安狀況

時　　間	中港公學校	新屋公學校	湊小學校
明治 31 年（1898）	創校		
明治 32 年（1899）	下賜教育敕語謄本		
明治 39 年（1906）		楊梅公學校 新屋分校	
明治 40 年（1907）			創校
明治 42 年（1909）	獲頒天皇御真影	獲賜教育敕語謄本	
明治 43 年（1910）			獲賜教育敕語謄本
明治 44 年（1911）		獨立建校	
大正 4 年（1915）			獲頒大正天皇 御真影
昭和 3 年（1928）			獲頒昭和天皇 御真影
昭和 4 年（1929）		購入敕語奉安庫 （295 圓）。 保護者會長寄附 庫前鳳凰屏風 （19 圓）	仰賴高雄市 1000 圓、 保護者會 3175 圓捐款 建設御真影奉安殿
昭和 5 年（1930）			歸還大正天皇 御真影
昭和 6 年（1931）		崁頭厝分校奉迎 敕語謄本	
昭和 8 年（1933）			新建配置有奉安室禮 堂（20000 圓）
昭和 11（1935）	御真影奉安庫設置， 並將敕語奉遷至庫 內		

昭和 16 年（1941）	升旗典禮，清掃奉安殿，並奉檢〔註55〕		
昭和 17 年（1942）		青年團擔任敕語警備勤務	
昭和 20 年（1945）			敕語謄本、御真影遷往防空壕溝

資料來源：林廷輝翻譯、林修澈注釋，《竹南國民小學沿革史》，苗栗：苗栗縣政府國際文化觀光局，2010 年；王智淵等編輯，《高雄市鼓山國小慶祝創校一百週年紀念專集》，高雄：鼓山國民小學，2009 年；游銀安總編，《新屋100》，桃園：新屋國民小學，2003 年。（研究整理）

　　以上過程，可以看出敕語謄本下賜時間多與學校創校時間相近，且分校也是有下賜敕語謄本。御真影下賜的時間點則是不明，如新屋公學校就無見申請，中港公學校明治年得下賜明治天皇御真影，但是之後並無紀錄；湊小學校則是未見有下賜明治天皇御真影的紀錄，不過之後有頒賜大正天皇、昭和天皇御真影等。並且記錄有對於殯天的天皇御真影要進行回收。

圖83：湊小學校沿革誌內紀錄有御真影奉還

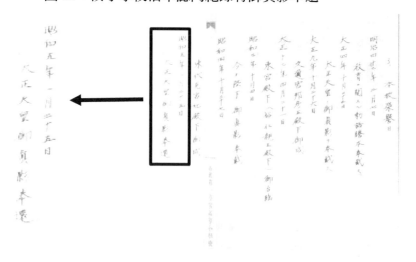

引自：王智淵等編輯，《高雄市鼓山國小慶祝創校一百週年紀念專集》，高雄：鼓山國民小學，2009 年，頁 61、62。

　　並依三間學校奉安設備、空間在沿革中的紀錄，皆在於昭和年間才購入

〔註55〕在沿革誌中，記有 5 月、7 月、8 月、10 月的升旗典禮，同時清掃奉安殿，並奉檢。

奉安庫與建設奉安殿。新屋公學校於明治 42 年（1909）獲賜敕語謄本，至昭和 4 年（1929）才購入敕語奉安庫；湊小學校則是於昭和 3 年（1928）得有昭和天皇御真影，隔年即獲捐款建設奉安殿。可以呈現御真影奉安的急迫性，凸顯出御真影的重要性更勝於敕語謄本，和發現公學校與小學校在準備奉安設備、空間上的差異。

再者，中港公學校在下賜御真影與御真影奉安庫（殿）〔註 56〕建設完備後，將與御真影有相同性質、且也需慎重保護的敕語謄本 同收納，並在奉安庫（殿）內有設置雙開奉安庫，如新化小學校奉安殿，奉安殿內還有一奉安庫；湊小學校建設御真影奉安殿之後，在建造禮堂上規劃有奉安室的空間，推測應是保管敕語謄本，便於集合師生來奉讀、教誨敕語謄本內容之用，且在奉安室內可能也有設置奉安庫。

此外，在以上學校的沿革紀錄中，還有提到學校在奉安的日常整備過程與事項，皆如之前所提到的奉安規程〔註 57〕，中港公學校就有安排定期清掃奉檢奉安設備，新屋公學校則是設有警備，湊小學校則有安排空襲後的遷移措施等等。

圖 84：新屋公學校奉安室

引自：游銀安總編，《新屋 100》，桃園：新屋國民小學，2003 年，頁 68。

〔註 56〕 參閱沿革後續紀錄，有清掃、檢查事宜，推測應該是奉安殿，且內部還有放置雙開奉安庫。

〔註 57〕 蔡錦堂，〈教育勅語、御真影與修身科教育〉，《臺灣史學雜誌》，第 2 期，2006，頁 153。

圖 85：中港公學校雙開、單開奉安庫

圖 85：中港公學校雙開、單開奉安庫

（圖版李建緯教授提供）

　　已整理出單件奉安庫多設置在校長室、事務室；奉安室、奉安所則是規劃在禮堂或校舍。學校內，校長室、事務室被視為校務辦公的重要場所，禮堂則是學校教育中重要的群體教育場域，學期始業、結案、畢業以及朝會等等重要節日，都會聚集學童於禮堂內舉行儀式，那在校舍、校園內所規劃的奉安室、奉安殿是否有其特定位置？

圖 86：臺南高等工業學校講堂平面圖

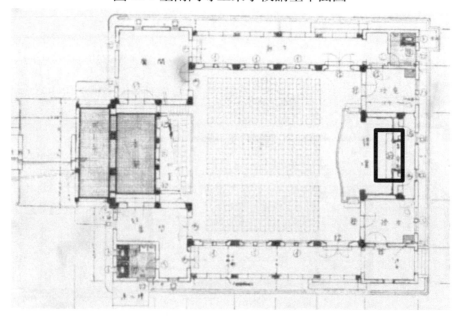

引自：《臺灣建築會誌　第 6 輯第 3 號》，檢索自中央研究院臺灣史研究所「臺灣研究古籍資料庫」。http://rarebooks.ith.sinica.edu.tw/sinicafrsFront99/index.htm，瀏覽時間：2019 年 2 月 11 日。

　　以新竹公學校為例，其奉安室是規劃在整體校舍的中軸線上，寶公學校則是在中軸線的側邊空間（中軸上為川堂）；高雄中學校奉安殿遺址（現為蔣中正半身像）亦在校園中軸線上；三叉公學校奉安殿的位置則是位於原先的校門口前，讓學童一進入校園就直接會看到奉安殿。詳細對於奉安設備或空間的設置說明，如下表呈現。

表 15：奉安設備或空間的設置說明

	單開奉安庫	雙開奉安庫	奉安室／奉安所	奉安殿
保管物件	敕語謄本	敕語謄本、御真影	敕語謄本、御真影	敕語謄本、御真影
形制	金庫形制，正面有鳳凰、桐紋鑰匙鎖、轉盤密碼鎖，菊紋點綴裝飾。前方會擺設布幔或鳳凰屏風。		獨立空間，或以門扇區隔空間，部分設有雙開奉安庫。	獨立建築，部分具神社外觀。
位置	校長室或事務室		禮堂、校舍中軸	校舍中軸
費用	數百圓		數千圓	
範例	鹿港公學校、山腳公學校、新店公學校	宜蘭公學校、清水公學校、竹南公學校	臺南高等商業學校、新竹公學校、臺南地方法院	新化小學校、臺北高等商業學校、臺北壽小學校

資料來源：陳美惠，〈鹽水公學校內奉安庫之歷史意涵〉，《臺灣風物》，第 57 卷第 3 期，2007 年。作者加以整理修正。

　　將有下賜或具有奉安設備學校 202 間後進一步整理，除了奉安狀況不明 76 間，得 126 間學校中有 146 件的奉安設備或空間。其中 146 件的奉安設備或空間中，單開奉安庫有 45 件，雙開奉安庫 40 件，奉安室、奉安所 38 處，奉安殿 23 間。

　　單開奉安庫 45 件中，有公學校 41 間，小學校 4 間；雙開奉安庫 40 件，有公學校 31 間，小學校 3 間，初等教育以上學校 6 間；奉安室、奉安所 38 處，有公學校 15 間、小學校 13 間，初等教育以上學校 10 間；奉安殿 23 間，有公學校 9 間、小學校 9 間，初等教育以上學校 5 間。並且有 19 間學校具有兩件的奉安設備或空間。

　　以上，會發現公學校以單開奉安庫為主，小學校與初等教育以上的學校則是以奉安室、奉安所及奉安殿的設置較多。此資訊呈現出台灣人就讀的公學校與日本人就讀的小學校、以及初等教育與初等教育以上的學校，在奉安

準備上的差異性；同時也表現出對日本人對初等教育以上的學生（可視為當時社會精英階層）在塑造尊崇天皇此一概念上的積極性。故小學校、初等教育以上學校少見設置單開奉安庫或僅下賜敕語謄本的狀況，反之，呈現對於準備奉安設備或空間的謹慎。

圖 87：奉安設備或空間之使用分類

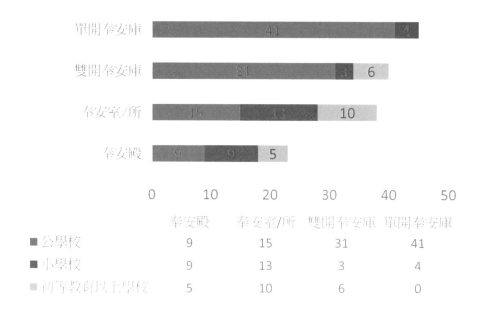

	奉安殿	奉安室/所	雙開奉安庫	單開奉安庫
■ 公學校	9	15	31	41
■ 小學校	9	13	3	4
■ 初等教育以上學校	5	10	6	0

再來，奉安設備或空間使用的分布〔註58〕，設置有單開奉安庫的學校以新竹州、高雄州為主；雙開奉安庫的學校為臺中州、花蓮港廳；奉安室、奉安所等則是臺北州。可以發現在臺北州設有奉安室、奉安所的學校數量較高，可能與臺北州為日治時期的島都，最高統治機關的總督府以及許多行政機關皆位於此區域有關，故在奉安設備或空間的設置上較為踴躍。此外，花蓮港廳的奉安準備上單開奉安庫較少，可能以目前在花蓮港廳所收集的資料多為初等教育以上的學校，又或者是日治時期在花東地區的移民政策有關。

〔註58〕參閱《臺灣日日新報》所得的奉安設備設置時間多位於昭和年間，採用大正9 年（1920）至昭和 20 年（1945）的州制行政區區分。

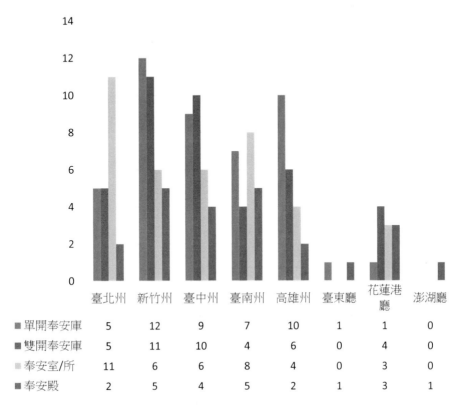

圖 88：日治時期奉安設備行政區分布

	臺北州	新竹州	臺中州	臺南州	高雄州	臺東廳	花蓮港廳	澎湖廳
■ 單開奉安庫	5	12	9	7	10	1	1	0
■ 雙開奉安庫	5	11	10	4	6	0	4	0
奉安室/所	11	6	6	8	4	0	3	0
■ 奉安殿	2	5	4	5	2	1	3	1

綜合上述，對學校內的奉安設備與空間可以得出幾點：

1. 全臺學校並不一定都奉安有敕語謄本跟御真影，不過敕語謄本的下賜較積極，而御真影被視為更尊貴的物件，由宮內廳審核下賜，且下賜以保護設施及守衛安排等奉安規程為許可基準。

2. 奉安設備或空間上大致可分為金庫形制的單開、雙開奉安庫，建築附屬的奉安室與奉安所，獨立建築的奉安殿等，皆使用有桐紋、鳳凰、菊紋等象徵日本天皇、日本政府的圖樣。且奉安殿為使用鋼筋混擬土建造的獨立建築，部分造型外觀上類似日本神社的傳統建築樣式，推測是為了保護更具尊崇性物件所規劃。

3. 金庫形制的奉安設備費用約數百圓；奉安室、奉安所或奉安殿的建設則需數千圓，所費不貲，所以在準備奉安設備或空間上，多是採用募資、寄附等方式取得建設費用。

4. 敕語謄本的奉安大致是使用奉安庫，並以單開奉安庫為主，御真影則

是雙開奉安庫、奉安室、奉安所及奉安殿等。且雙開奉安庫可以放置於奉安室、奉安所和奉安殿內。對於奉安設備或空間並無明確規範。

5. 奉安設備或空間的位置大多在學校校長室、事務室、禮堂，或校舍中軸上，而在校長室、事務室的奉安設備還會在前方配置鳳凰屏風，禮堂內的奉安空間則是設有木質活門。

6. 奉安的準備著重於初等教育，其中又以公學校的敕語謄本保護為主；而在小學校及初等教育以上的學校，則是多採用雙開奉安庫以上的奉安準備，除了敕語謄本的保護外，絕大部分也下賜有御真影，以安排更完善的保護措施。

第四節　學校之外的奉安

目前已知有少部分的奉安設備、空間是設置在學校之外的場所，分別有官方廳舍 16 間，寺廟 1 間，共計 17 處。而寺廟部分為新港奉天宮的單開奉安庫，官方廳舍尚存有奉安設備、空間的則是虎尾合同廳舍單開奉安庫、臺南地方法院奉安所。

一、學校之外的奉安

昭和 3 年（1928）《臺灣日日新報》報導下賜 83 組御真影至臺灣，從獲賜名單中可以注意到許多學校皆是初次下賜御真影，並且原先是 84 組御真影，途中先下賜 1 組給稅關。此外報導名單可注意到當時臺灣行政區劃的五州三廳皆有下賜，除了學校外還包含有法院、警官練習所等公務單位，其中臺中市役所〔註59〕為初次下付，可知在官方廳舍是有下付御真影的習慣。而學校部分，小學校的下賜狀況明顯多於公學校，其中 8 間公學校皆是第一次下賜。

另外，昭和 4 年（1929）間有老松公學校、壽小學校、新竹小學校、龍山公學校等，有建設御真影奉安設備等報導，應是為了奉安前一年所下賜的御真影，故奉安準備看似是下賜許可的必須要件，但是實際上設備或空間的落成與下賜許可並無明確關係，還是以各校所提出的奉安規程有關。

〔註59〕雖於昭和 7 年（1928）為臺中市役所初次下賜，不過於大正 9 年（1920）就已設州轄市，推測可能為之前奉安設備上為準備妥當。

下賜名單整理如下：

表 16：昭和 3 年（1928）《臺灣日日新報》報導的御真影下賜名單

官方廳舍		總督府、高等法院、臺北地方法院、臺中地方法院、臺南地方法院、警官練習所、臺北州廳、新竹州廳、臺中州廳、臺中市役所*、臺南州廳、高雄州廳、花蓮港廳、澎湖廳、臺東廳
學校	大學	臺北帝大*
	專門學校、師範學校、職業學校	臺北醫專、臺北第一師範、臺北第二師範*、臺南師範、臺北商業、臺北工業、宜蘭農林*、嘉義農林、
	中等學校	臺北一中、臺北二中*、臺北一高女、臺北二高女*、臺北三高女*、基隆高女*、新竹中*、新竹高女*、臺中一中、彰化高女、嘉義中*、臺南一中、臺南二中*、臺南一女高、臺南二女高*、高雄中*、高雄高女*
	小學校	末廣小、旭小、壽小、臺北南門小、建成小、樺山小、宜蘭小、金瓜石小、基隆第一小、新莊小*、新竹小、桃園小、臺中一小、臺中二小、彰化小、豐原小*、南投小、東勢小*、埔里小*、嘉義小、斗六小、竹園小、南門小、高雄一小、高雄二小*、屏東一小、臺東小、花蓮港小、豐田小、林田小、玉里小*、新城小*、馬公小。
	公學校	龍山公*、老松公*、太平公*、蓬萊公*、大龍峒公*、朱厝崙公*、東園公*、屏東公*。

備註：*為首次下賜。（研究整理）

　　此外，在南京〔註60〕、東南亞等其他在外的日本學校也有下賜敕語謄本的狀況。大正 14 年（1925）下賜敕語謄本給新民府尋常小學校；昭和 13 年（1937）下賜敕語謄本給蘭貢日本國民學校、昭和 17 年（1942）下賜御真影給南京第一日本國民學校奉安〔註61〕。

〔註60〕 蔡錦佳主持，東華印刷廠執行，《屏東縣第一階段文物普查專案管理計畫》，屏東縣文化資產保護所委託，2018 年，頁 269～270。於退休教師的口訪資料中亦有提到，於上海日本租借地就讀小學校時，奉拜敕語謄本、「御真影」及奉安庫等學校儀式的狀況。

〔註61〕 「南京（總領事報）」、「在外日本人各學校關係雜件 / 在亞南ノ部 / 蘭貢日本国民学校」。檢索自國立公文書館「亞洲歷史資料中心」。https://www.jacar.go.jp/index.html，瀏覽日期 2019 年 1 月 9 日。

圖89：大正14年（1925）敕語下賜給新民府小學校

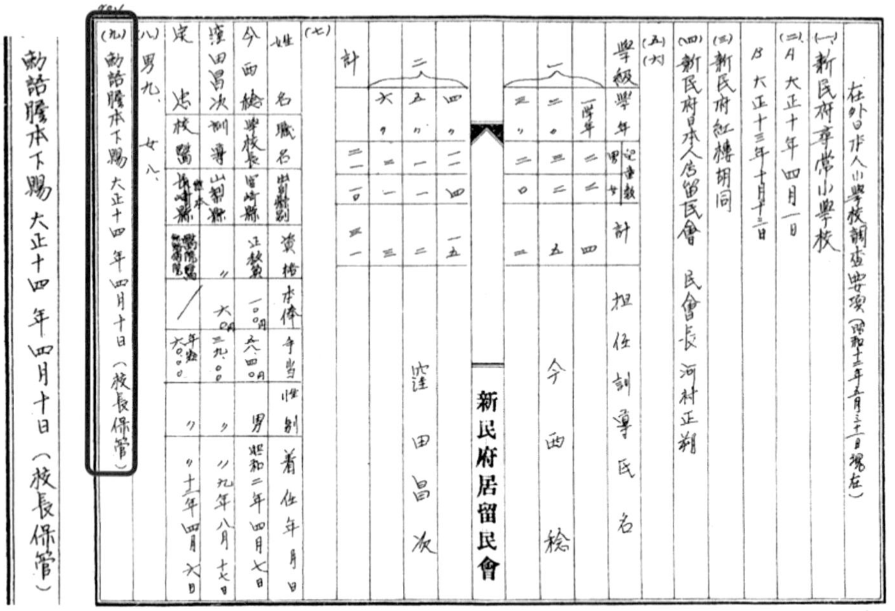

引自：「在外日本人学校教育関係雑件／学事報告　第二巻2・満蒙（14）在新民府
　　　分館」。檢索自國立公文書館「亞洲歷史資料中心」。https://www.jacar.go.
jp/index.html，瀏覽時間：2019年1月9日。

　　除了上述提到的學校和官方廳舍外，軍部也有御真影的奉安，且在奉安
的物件上不限於上述的敕語謄本跟御真影，還有軍旗、英靈的奉安等等。在
日本，昭和9年（1934）佐世保海軍軍需部、吳海軍軍需部新建御真影奉安
所；〔註62〕同年提到軍部奉安設備完善、警備安全者可奉請下賜御寫真（即
御真影），並紀錄有海軍技術研究所、水路部、海軍火藥廠、高雄與父島海軍
通信隊等興建奉安殿；昭和19年（1944）的紀錄更是提到上至司令部下至各
隸下部隊都有下賜奉安有御真影〔註63〕。

〔註62〕「佐世保海軍軍需部御真影奉安所新營外1件工事施行の件」、「吳海軍軍
　　　需部御真影奉安所新營外1件工事施行の件」。檢索自國立公文書館「亞洲
　　　歷史資料中心」。https://www.jacar.go.jp/index.html，瀏覽日期2019年1月
　　　9日。
〔註63〕「官房第3653号　12・7・13御写真下付の件」、「御真影、勅諭、勅語奉
　　　戴方の件上申」。檢索自國立公文書館「亞洲歷史資料中心」。https://www.
　　　jacar.go.jp/index.html，瀏覽日期2019年1月9日。昭和19年下賜御真影給
　　　第49師團司令部及隸下步兵、騎兵、山砲兵、工兵、輜重兵及通信隊等。

圖 90：軍旗奉安所　　　　　圖 91：海軍武官參拜故山本元帥遺影奉安所

引自：〈第二守備隊軍旗祭〉，《漢　　　　引自：〈海軍武官府內故山本元帥遺影奉安所拜
　　　文臺灣日日新報》第 3056　　　　　　　　的伊藤海軍武官外一同〉，《臺灣日日新
　　　號，明治 41 年（1908）11　　　　　　　　報》第 15538 號，昭和 18 年（1943）06
　　　月 07 日。　　　　　　　　　　　　　　月 06 日。

圖 92：日本陸軍公文為將御真影下賜給部隊

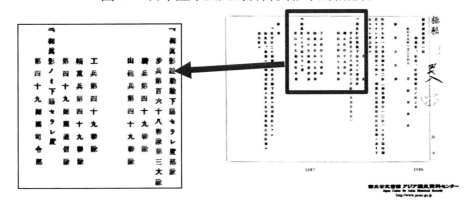

引自：「御真影、勅諭、勅語奉戴方の件上申」。檢索自國立公文書館「亚洲历史資料
　　　中心」。https://www.jacar.go.jp/index.html，瀏覽時間：2019 年 1 月 9 日。

表 17：《臺灣日日新報》可見軍部的奉安狀況

奉安對象	奉　安　場　所
御真影	臺南陸軍衛戍部兵事部、花蓮港陸軍兵事部
軍旗	步兵第二聯隊、第一聯隊、臺中大隊、臺南憲兵隊本部、第二守備隊
英靈	高雄州警察部で合會

（研究整理）

推論，依政府單位所職掌的不同，也會有各自所需奉安物件，即安排相關的奉安規程。像軍部就以軍旗、英靈為部隊象徵來奉安；學校則是對教育核心的敕語謄本加以奉安；而御真影作為天皇與國家的象徵，則是所有政府單位都有下賜來奉安，日本本島的寺廟於昭和 11 年（1936）還有興建御真影奉安殿的報導。〔註64〕

且以上的下賜範圍並不侷限於日本本島與殖民地臺灣，只要作為日本屬地的地區都會有下賜的狀況，和奉安設備、空間的設置。而寺廟的奉安狀況，則後續說明。

二、天皇壽牌

除了以上提到的敕語謄本、御真影下賜狀況、奉安過程及相關規程之外，在台灣新港奉天宮還有 1 件單開奉安庫，與日本天皇壽牌、木匣、壽牌下賜證書等為一個組件〔註65〕。

壽牌上銘刻有「今上天皇陛下聖壽萬歲」以及十六瓣八重表菊；木匣為雙開的黑色木胎漆器，匣門上鑲嵌有雕飾細緻金工的金屬片，門扣則是旋扣式金屬片，一樣的雕飾有細緻金工裝飾；壽牌證書上有一臨濟宗大本山妙心寺派寺徽的浮水印，內容大致為「臨濟宗妙心寺於昭和 3 年（1928）11 月 10 日下付 1 件今上天皇壽牌給本派聯絡寺廟的新港奉天宮，並祝禱天皇寶祚無窮、祈求國家隆運」〔註66〕；奉安庫則與上述所提到的單開奉安庫外觀相同，此是此件是用來保護天皇壽牌。

〔註64〕「寺院境內に御真影奉安殿建設の件（靜岡縣知事）」。檢索自國立公文書館「亞洲歷史資料中心」。https://www.jacar.go.jp/index.html，瀏覽日期 2019 年 1 月 9 日。

〔註65〕國家文化資產網，https://nchdb.boch.gov.tw/assets/overview/antiquity/2013103 0000006，瀏覽時間：2018 年 12 月 3 日。

〔註66〕闞正宗，《臺灣日治時期佛教發展與皇民化運動：「皇國佛教」的歷史進程（1895～1945）》，頁 180。

圖 93：新港奉天宮日本天皇壽牌基組

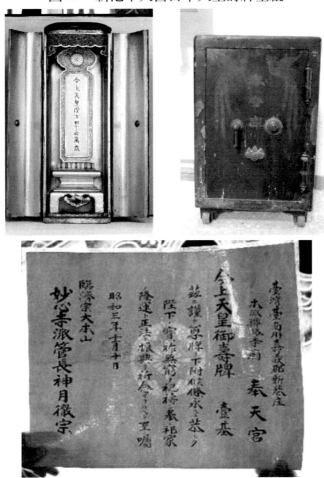

引自：嘉義縣文化觀光局。https://www.tbocc.gov.tw/Default.aspx?lang=tw，瀏覽時間：
2019 年 1 月 10 日。

　　早在江戶時期的日本，淨土真宗大谷派的東本願寺即在本山有安置御尊
牌，〔註 67〕不過並無在其他寺廟也有奉安，明治末年開始允許奉安在一般寺
廟〔註 68〕。隨著明治初期的神道國教化與廢佛毀釋運動，讓日本佛教不得以
依靠政治發展，之後並因應殖民統治之便，日本佛教紛紛來臺宣教，建立連
絡寺廟。

〔註 67〕御尊牌可視為長生祿位，為主政者祈福是日本寺院的傳統。
〔註 68〕菱木正晴，《淨土真宗＆戰爭》，東京：岩波書店，1993，頁 55。引自闞正宗，
　　　　《臺灣日治時期佛教發展與皇民化運動：皇國佛教的歷史進程　一八九五～
　　　　一九四五》，新北：博陽出版，2011，頁 179。

在臺灣，目前已知最早為大正 6 年（1917）由臨濟宗妙心寺派下的白河大仙寺開始奉安壽牌，同年接續為觀音山凌雲禪寺及臺南開元寺等等。依闞正宗所整理，日治時期不分派別計有 34 間寺廟奉安壽牌，其中以日本臨濟宗妙心寺派的動作最早，透過授予證書與天皇壽牌來表示納入管轄，大正時期有一波〔註69〕，昭和初年也有一波，新港奉天宮即是此時期被授予壽牌基組。曹洞宗與東本願寺的真宗大谷派也有類似的行動，只是相較之下在臺灣的下賜壽牌數量較少。〔註70〕

表 18：日治時期佛教下賜壽牌數量

	臨濟宗妙心寺派	曹洞宗	真宗大谷派	總　　計
大正	7	3	0	10
昭和	21	2	1	24
小計	28	5	1	34

資料來源：闞正宗，《臺灣日治時期佛教發展與皇民化運動：「皇國佛教」的歷史進程（1895～1945）》，新北：博揚出版，2011，頁 192～193。（研究整理）

從證書的語意來看，表示把壽牌視為天皇的分身、國家的象徵，而放置在寺廟內，且從放置位置從歷史照片來看，壽牌是以木匣收納放置在位於寺廟內的正殿案桌上，以示其尊貴，讓人膜拜壽牌，營造天皇的神性。而奉安狀況就如同上述的奉安設備、空間的規劃設置，擇其最重要位置擺放之，僅於特殊節日才可打開木夾，就如同奉安設備木櫃內的竹簾。壽牌放在台灣寺廟內，是不像臺灣傳統宗教中可以直接看到神像或祿位的信仰方式。

此外，在眾多寺廟中可以得有下賜壽牌，也是為寺廟的榮譽和凸顯寺廟的位階，就如學校在申請下賜敕語謄本、御真影，亦在暗示階級的可視化。

整理壽牌資料中，還發現昭和 15 年（1940）11 月 14 日《臺灣日日新報》有久邇宮御尊牌的下賜狀況報導，同時還舉行皇紀二千六百年的奉祝法會。〔註71〕以此推之，當時的壽牌使用可能非僅限於天皇本人，宮家（皇室分家）

〔註69〕 陳瑋全，〈千家寺院　年修德禪寺　臺灣佛教發展縮影〉，《人間福報》，http://www.merit-times.com.tw/NewsPage.aspx?Unid=379355，瀏覽時間：2018 年 12 月 2 日。

〔註70〕 闞正宗，《臺灣日治時期佛教發展與皇民化運動：「皇國佛教」的歷史進程（1895～1945）》，新北：博揚出版，2011，頁 192～193。

〔註71〕 〈奉安式と慶讚法要〉，《臺灣日日新報》第 14611 號，昭和 15 年（1940）11

當主也有壽牌，推測可能就如北白川宮能久親王的神格化，為建構天皇神聖化的一環。

之前已有提到對於學校的御真影奉安過程的概述，而在非學校的御真影下賜狀況也是如何？如高等法院與地方法院的御真影，由院長前往總督府奉戴，判任官、檢察官與職員等人也都身著禮服，在法院玄關處列隊奉迎，〔註72〕過程中也是如學校一樣為慎重的對待。

壽牌的部分，像是臺南開元寺的壽牌，由臨濟禪寺的長谷住持帶隊奉送到臺南，抵達臺南車站後，繞行臺南市一周後再前往奉安；隔年大正 7 年（1918）臺南法華寺得著曹洞宗下賜壽牌，也是繞行臺南市；獅頭山勸化堂亦有得到曹洞宗的壽牌下賜，並由曹洞宗臺灣別院院長奉持到勸化堂奉安，奉安式中廳長戴禮進行訓示；〔註73〕此外，有的奉迎壽牌隊伍一抵達車站就以樂隊相迎，〔註74〕搭乘自動車繞行時燃放爆竹、鍾鼓齊鳴的奉迎壽牌到布教所或寺廟內，關渡慈帆禪寺壽牌奉安式的來賓多達有百餘名、出動自動車20 餘臺，〔註75〕之後舉行奉安式，向壽牌頌誦經文、朗讀迴向等，僧眾與參拜者則向壽牌行禮，〔註76〕再由地方長官們發表祝辭賀語，鹽水街臨濟宗布教所奉安式由知事代理獻上祝辭。且奉迎過程中，壽牌是收納入奉安庫保護。

月 14 日。

〔註72〕〈高等地方兩法院　御眞影奉安〉，《漢文臺灣日日新報》第 10221 號，昭和
　　　　3 年（1928）10 月 4 日。

〔註73〕闞正宗，《臺灣日治時期佛教發展與皇民化運動：「皇國佛教」的歷史進程
　　　　（1895～1945）》，新北：博揚出版，2011，頁 185、190。

〔註74〕〈月眉山圓光寺　壽牌奉安式期〉，《漢文臺灣日日新報》第 6469 號，大正 15
　　　　年（1926）9 月 12 日。

〔註75〕〈關渡慈帆禪寺　聖壽牌奉安式〉，《漢文臺灣日日新報》第 10275 號，昭和
　　　　3 年（1928）11 月 27 日。

〔註76〕〈御壽牌奉安式〉，《漢文臺灣日日新報》第 6652 號，大正 7 年（1918）12 月
　　　　27 日。

圖 94：關渡慈帆禪寺聖壽牌奉安式

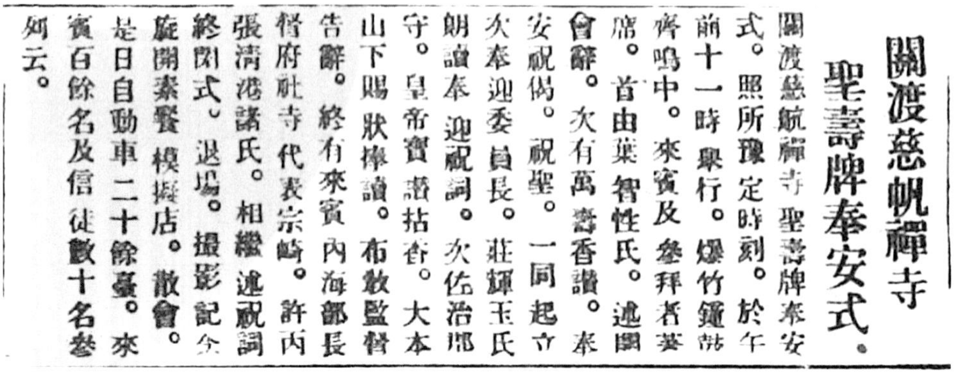

關渡慈航禪寺 聖壽牌奉安式。照所豫定時刻。於午前十一時舉行。爆竹鐘鼓齊鳴中。來賓及參拜者蕃廍。首由葉智性氏。述開會辭。次有萬壽香讚。奉安祝偈。祝聖。一同起立。次奉迎委員長。莊輝玉氏。朗讀奉迎祝詞。次佐治郎守。皇帝寶讚拈香。大本山下賜狀捧讀。布敎監督告辭。終有來賓內海部長督府社寺代表宗崎。許內張清港諸氏。相繼述祝詞終閉式、退場。攝影記念旋開素齋模擬店。散會。是日自動車二十餘臺。來賓百餘名及信徒數十名參列云。

引自：〈關渡慈帆禪寺　聖壽牌奉安式〉，《漢文臺灣日日新報》第 10275 號，昭和 3 年（1928）11 月 27 日。

　　以上可見天皇壽牌的奉戴過程比敕語謄本、御真影來得歡快且熱鬧。兩者對於奉安物件都是採慎重以待，但是過程中的差異推測可能與奉安場所有關。敕語謄本、御真影奉安於學校或官方廳舍等公家單位，以定期儀式，透過敕語謄本、御真影來建構對天皇的尊貴與認同；壽牌的奉安則是與臺灣民間宗教結合，直接放在廟宇正廳內，一樣進行膜拜，意在落實天皇的「現人神」。兩者都是在灌輸天皇神聖不可侵犯的形象。

第五章　結　論

　　薩伊德在《文化與帝國主義》提到「無論是文化與帝國都不是靜止不動，因此在他們之間作為歷史經驗的關聯，也是動態而複雜的」〔註1〕。

　　物質文化中，不管是自然物還是人造物，只要進入人類文化，就可替代人類，帶著價值、感情、概念等，再現文化的社會關係。同時，物的環境也非自然而成，而是社會形式的產物。所以物與社會之間的連結是為互相連動與影響，文化在運用物質的程序，無法簡化成單一面向的目的，並且人看似具有能動性，與物之間卻有著社會性的互動。物質從文化中形成，社會裡建構，然後文化在由環繞著社會結構裡所生的物質中被深植或發散出來。〔註2〕

　　臺灣教育史研究，把日治時期在臺灣學校中的教育敕語謄本、御真影等皆視為忠君愛國養成的一環。

〔註1〕　薩依德（Edward Wadie Said），《文化與帝國主義》，臺北：立緒，2000，頁49。
〔註2〕　Tim Dent 著，劉北成、龔永慧譯，《物質文化》，臺北：書林出版，2009 年，頁 8～9。

圖 95：御真影奉安殿　南門小學校

此研究嘗試跳脫教育史研究，以文物研究的方式來看奉安設備、空間。概述歷史背景，來看明治維新後的日本是如何透過法律、皇室活動及天皇相關物件下賜等來建構對天皇的權威與認同，而神聖的可視化即為其重要的操作方式之一。

一開始的明治天皇行幸，後續以天皇名義發布對於教育的言論的教育敕語、御真影，以及皇室成員在各地所留下的足跡等，都是在讓自古以來不可看也不能見的天皇走出來，並讓國民直接見到國家最高統治者，進而凝塑近代日本的主權。雖是可視的天皇，但是也不能時時出現在大眾視野上，往往一出來走動，就是勞師動眾，花費極高，且為了延續傳統上對於天皇所謂的神性，透過天皇相關物件下賜，以示日本天皇對於統治權的正統性之外，亦藉由特定節日的膜拜、奉讀等儀式行為、規範奉安設備、空間等專屬保護措施，讓在官方廳舍、學校、寺廟、軍部等等各處出現的天皇相關如敕語謄本、御真影、壽牌等物件等同於天皇的神性，使之天皇具可視化的同時，持續強化天皇的神聖性與尊貴性。

圖96：台灣民眾夾道歡迎東宮裕仁太子來訪，安排學生向東宮裕仁太子行
　　　鞠躬禮

引自：郭双富、王佐榮，《東宮行啟：1923年裕仁皇太子訪臺記念寫真帖》，臺北：蒼
　　　璧出版，2019，頁40、53。

　　對於敕語謄本與御真影的梳理，可以得出看似無條件的下賜，實質上並
非如此，幾種天皇分身物件下賜和奉安過程，面對不同的群眾與環境，搭配
不同儀式性行為。

　　日治時期官方廳舍內的天皇分身為御真影。學校中的天皇分身除了教育
敕語，還有御真影，而兩者皆須慎重的保護。學校依各自財務狀況來規劃奉
安設備、空間，所以不一定都有奉安敕語謄本跟御真影，其中以敕語謄本的
下賜奉安為大宗，僅少數學校可以同時奉安有兩者，而敕語謄本下賜時間大
約是創校後不久，多數的御真影則是校方在昭和年間申請下賜。

　　且御真影的尊貴性高於教育敕語，所以在設備或空間的規劃上保護層級
相對的較高、設置花費也較多。日治時期的學校財務狀況窘迫，奉安設備或
空間的設置費用不貲，大致等同於神龕、龍柱的費用，或是一部分的寺廟建
設費，額度非一般人可憑一己之力完成，學校部分即會由保護者會來支應，
或進行寄附、募資，且所參與的人多是地方菁英或仕紳。所以推論在面對被
視為天皇分身的物件上的奉安保護上，其準備過程除了是奉安單位之職責外，
同時從寄附、募資的名單中，也可看出地方菁英對於政策所採取的態度，呈
現出人、物與社會之間複雜的連結。

　　故對於敕語謄本與御真影的下賜奉安，不能單以教育層面來概括，學校
做為國民教育與精英分子養成的重要場所，相對的需謹慎以待，教育敕語謄
本或御真影的奉安，地方精英在設立奉安設備、空間的支援，亦可視對此政
策的承認。

　　另一方面，除了學校教育外，在臺灣傳統社會中的日常也會看到天皇分

身的物件。如透過日本佛教的傳播，將天皇壽牌奉安在臺灣傳統社會中有極具社群凝聚性的廟宇信仰中，亦為台灣宗教信仰依附日本政府的呈現。

　　了解需對天皇分身的物件進行慎重的保護後，面對其移動過程，如天皇與皇室成員行幸御成等，需搭乘特別列車，由總督府官員或宗教上的高僧等人進行過程的安排或奉持，並以專屬的設備保護之。而專屬的保護，得出單開奉安庫為敕語謄本使用，其餘雙開奉安庫以上設備或空間，則可能為之後申請御真影下賜後使用，且奉安設備會空間上會有加乘使用的狀況。不過實際上還是依學校的能力來調整。

　　然後，再奉安設備或空間上裝飾象徵天皇、日本政府的菊紋、桐紋、鳳凰等具有象徵性的紋飾，區別出奉安設備、空間和一般金庫設備、空間使用上的獨特性。對於此一視覺上的處理，都是在呈現階級可視化。

　　空間部分，如涂爾幹（Émile Durkheim，1858～1917）對於宗教的說明，所有人類社會都在其基本環境中隔出一個部分，使之成為神聖的領域，與日常生活空間區隔開來，並藉由神聖與世俗的對立與交互作為，而達到建立社會秩序與規範、整合社群的目的〔註3〕；以及班雅明（Walter Benjamin，1892～1940）認為圖像的「在場」比它們被看到與否更為重要，不被看的神秘性即是宗教的崇拜〔註4〕。

〔註3〕　涂爾幹（Émile Durkheim）著，渠東、汲喆譯，《宗教生活的基本形式》，上海：人民出版社，1999年，頁41～49。

〔註4〕　班雅明（Walter Benjamin）著，許綺玲、林志明譯，《迎向靈光消逝的年代》，桂林：廣西師範大學出版社，1999，頁65。

圖 97：昭和年間新港奉天宮壽牌

引自：李建緯，《歷史、記憶與展示：臺灣傳世宗教文物研究》，臺中：豐饒文化，2018，
　　頁 210。

　　透過奉安設備或空間前方的屏風或布幔、內部的多層扇門設計，以及裝飾特定象徵意涵的元素等，其專屬設備或空間都在劃分出於校園內神聖與日常，透過視覺的阻隔來凸顯出天皇的神祕性；並於特定節日時，開啟層層保護的奉安設備或空間，謹慎地取出敕語或御真影來奉讀或膜拜，透過儀式行為，凸顯被視為物件的尊貴性。以上的過程都在呈現出涂爾幹與班雅明所說的神聖領域和宗教崇拜，進而達到對於天皇神聖性的建構。

　　就如昭和 3 年（1928）11 月 10 日昭和天皇裕仁登基即位，日本各地的殖民地紛紛舉行慶祝儀式，在臺灣也可看到將即位詔語視為天皇分身，以奉安庫保護，奉安庫上還打結繩，結繩上還懸掛有疑似幣束（日本神道教儀禮中獻給神的紙條或布條），與慶祝即位化妝遊行隊伍的拍照記錄。而這張歷史照片幾乎體現了明治維新後獨特的時代背景，視天皇相關物件為天皇分身的概念，以及天皇「在場」大於被看到的重要性。

圖 98：昭和天皇登基遊行，背景為「詔語奉納庫」

引自：臺灣數位文化中心，http://digitalculture.tw/aggregation/4827，瀏覽時間：2018 年
12 月 6 日。

　　另外，邊沁（Jeremy Bentham，1742～1832）提出全景敞視主義，對於看
與被看之間無意識規訓的產生，以及傅柯指出透過儀式等的行為過程細碎化
和持續性訓練，會達到無意識的身體規訓〔註5〕。奉安設備或空間的使用上，
日常安排的定期檢查、清掃、護衛等規程，特定節日在拿取出天皇分身的物
件，且取出物件過程中，執行者與旁人皆要身著禮服、正裝或整潔，其中持
拿人更是要高舉物件於肩上，旁人兩側排隊著敬畏迎接，取出後再舉行奉讀
或膜拜等集體行為模式。除了視覺的區隔外，同時也以身體動作來建構對於
被視為天皇分身的物件「神聖不可侵犯」的概念，透過感官與行為上無意識
的規訓，進而建立社會秩序、整合社群。

〔註5〕傅柯（Michel Foucault）著，劉北成、楊遠嬰譯，《規訓與懲罰》，北京：三聯
　　　書店，1999 年，頁 153～191。

圖 99：宜蘭公學校御真影奉戴、奉迎式

引自：宜蘭人文知識數位資料庫，http://ylhm.e-land.gov.tw/details.aspx?id=60150&
type=oldbook2，瀏覽時間：2018 年 12 月 4 日。

　　到了至今，仍有不少受過日本教育的耆老們記得小時候歌唱與朗讀過的
「君が代」、教育敕語的內容。其中九成的人可以記誦「君が代」，七成的人
則是能記誦教育敕語，〔註6〕可見透過規訓作用使其深植於心，但是是否有達
到所謂的把臺灣人民教育養成同化成日本人？就如蔡亦竹在《圖解日本人論》
序言所說：「皇民就是日本精神？」〔註7〕，記得「君が代」、敕語內容是否等
同於是認同自身為日本人？實質上只能說當時的日本政府，想要透過多方政
策讓殖民地臺灣上的人民更像日本人，而臺灣人民也確實依其能動性反映出
被規訓的一面。

　　另外，目前已有 5 件與奉安有關的文物具有文化資產身分，透過整理可
以知道全臺仍有許多奉安設備或空間，尤其是在學校。因此對於奉安設備或
空間是否真的具有稀少性尚待思考。目前金庫形制的奉安設備，僅有林田小
學校奉安庫具文化資產身分，但是在花蓮地區還有花蓮港廳高等女學校、花
蓮港廳農林學校及富田小學校等也都存留有奉安設備，臺中地區則是臺中第
一中學校、臺中高等女學校、臺中州農業學校、明治小學校、清水公學校等；
建築附屬或獨立建築的奉安空間，三叉公學校奉安殿與新化小學校奉安殿被
視為唯二的奉安殿，但是實際上還有新竹公學校的奉安室、高雄中學校奉安
殿遺址等等尚存的奉安空間。

〔註6〕 蔡錦堂，〈日治時期臺灣公學校修身教育及其影響〉，《師大臺灣史學報》，第
　　　　2 期，2009 年 3 月，頁 17〜18。
〔註7〕 蔡亦竹，《圖解日本人論：日本文化的村落性格解析》，臺北：遠足文化，2018，
　　　　頁 38。

　　透過文物研究的挖掘，補充了對於奉安設備或空間、教育敕語謄本、御真影的認識，以及了解到奉安設備或空間所隱含的歷史意義。並希冀透過此研究，讓仍尚有留存的奉安設備或空間，可能改變其外觀，或是存放在校園的一角，都能持續在歷史中得以持續發揮教育意涵。

參考書目

一、中文專書

1. Edward Wadie Said 著，蔡源林譯，《文化與帝國主義》，臺北：立緒，2000。

2. Tim Dent 著，劉北成、龔永慧譯，《物質文化》，臺北：書林出版，2009。

3. 王智淵等編輯，《高雄市鼓山國小慶祝創校一百週年紀念專集》，高雄：鼓山國民小學，2009。

4. 王進坤主編，《世紀之星彰化縣永靖鄉永靖國小創校壹佰週年校慶特刊》，彰化：永靖國民小學，1998。

5. 田中彰著，何源湖譯，《明治維新》，臺北：玉山社，2012。

6. 米歇爾・傅柯著，劉北成、楊遠嬰譯，《規訓與懲罰》，北京：三聯書店，1999。

7. 艾彌爾・涂爾幹著，渠東、汲喆譯，《宗教生活的基本形式》，上海：人民出版社，1999。

8. 呂美慧總編輯，《彰化縣鹿港國民小學創校壹佰貳拾週年沿革誌》，彰化：鹿港國小，2017。

9. 李承機、李育霖主編，《「帝國」在臺灣：殖民地臺灣的時空、知識與情感》，臺北：國立臺灣大學出版中心，2015。

10. 李建緯教授，《歷史、記憶與展示：臺灣傳世宗教文物研究》，臺中：豐饒文化，2018。

11. 李建緯教授等,《文物普查與暫行分級作業手冊》,臺中:文化部文化資產局,2018。

12. 谷瑞儉總編,《臺中縣霧峰國民小學百週年校慶特刊》,臺中:霧峰國民小學,1997。

13. 周婉窈,《海行兮的年代:日本殖民統治末期臺灣史論集》,臺北:允晨文化,2003。

14. 宜蘭縣政府,《宜蘭耆老談日治下的軍事與教育》,宜蘭:宜蘭縣縣史館,1999。

15. 林正珍等編輯,《媽祖物質文化研討會──媽祖文化中的歷史物件、保存與再現》,臺中:財團法人臺中樂成宮,2016。

16. 林廷輝翻譯、林修澈注釋,《竹南國民小學沿革史》,苗栗:苗栗縣政府國際文化觀光局,2010。

17. 牧原憲夫著,臧志軍譯,《日本近現代史卷二:民權與憲法》,香港中和出版,2016。

18. 邱善宏主編,《公園國小創校百週年特刊　公園心　百年情》,臺南:公園國民小學,1998。

19. 胡煒權,《解開天皇祕密的 70 個問題第一部:天皇的歷史之謎》,臺北:時報出版,2019。

20. 財團法人教育會、許錫慶譯注,《臺灣教育沿革誌(中譯本)》,南投:國史館臺灣文獻館,2010。

21. 國史館臺灣文獻館,《揀花下的回憶──日治時期畢業紀念冊展圖錄第二冊》,國史館臺灣文獻館,2005。

22. 郭双富、王佐榮,《東宮行啟:1923 年裕仁皇太子訪臺記念寫真帖》,臺北:蒼璧出版,2019。

23. 陳武雄,《臺中市珍貴古老照片專輯　第四集》,臺中:臺中市政府,2000。

24. 陳煒翰,《日本皇族的臺灣行旅:蓬萊仙島菊花香》,臺北:玉山社,2014。

25. 陳櫻桃、鄭志祥、鄭鳳錦等,《酷樣年代　風華再起:臺北市立南門國小

百週年慶特刊》，臺北：臺北市立南門國小，2005。

26. 游銀安總編，《新屋 100》，桃園：新屋國民小學，2003。

27. 湯志民，《臺灣的學校建築》，臺北：五南圖書出版，2006。

28. 華特·班雅明，許綺玲譯，《迎向靈光消逝的年代》，臺灣攝影，1998。

29. 臺灣省行政長官公署，《臺灣省五十一年統計提要》，臺北：臺灣省行政長官公署統計室，1946。

30. 褚晴暉等，《南國首工拾年紀：成大首任校長若槻道隆珍藏相片目錄》，臺南：成大博物館，2014。

31. 潘諾夫斯基著，李元春譯，《造型藝術的意義》，臺北：遠流出版，1997。

32. 蔡元隆、黃雅芳，《走出閨房上學校：日治時期臺灣雲嘉地區的女子教育與社會事業圖像》，臺北：秀威資訊，2017。

33. 駒込武著，吳密察、許佩賢、林詩庭譯，《殖民地帝國日本的文化統合》，臺北：國立臺灣大學出版中心，2017。

34. 樹林國民小學百年校慶籌備委員會，《淡樹成林：臺北縣樹林鎮樹林國民小學創校百週年校誌》，臺北：樹林國民小學，1998。

35. 蕭文華、林義雄主編，《我愛小港·世紀領航》，高雄：小港國民小學，2009。

36. 戴季陶，《日本論：一個外交家的日本風俗、政治、文化考》，臺北：不二家，2018。

37. 闞正宗，《臺灣日治時期佛教發展與皇民化運動：皇國佛教的歷史進程一八九五～一九四五》，新北：博陽出版，2011。

二、日文專書

1. 片山一清編，《資料·教育勅語──渙発時および関連諸資料》，東京：高陵社書店，1974。

2. 平山晋，《明治勲章大図鑑》，図書刊行會，2015。

3. 我孫子市史編輯委員會近現代部會編，《我孫子市史　近現代篇》，我孫子市教育委員會，2004。

4. 後藤武，《日本建築史圖集》，日本建築學會，2000。

5. 皇室事典編集委員會，《皇室事典》，角川学芸出版，2009。

6. 高島伸欣，《教育勅語と学校教育——思想統制に果した役割》，東京：岩波書店，1990。

7. 鷿功，《圖解社寺建築》，理工學社，2000。

三、論文期刊

1. 王順隆，〈公學校漢文讀本及漢文教育〉，《臺灣學通訊》第 93 期，2016。

2. 王慧瑜，〈日治時期臺北地區日本人的物質生活（1895～1937）〉，國立臺灣師範大學臺灣史研究所碩士論文，2010。

3. 吳俊瑩，〈如何稱呼臺灣史上的「日本時代」？兼論戰後日式紀年與意象的清除與整理〉，《臺灣文獻》65 卷 3 期，2014 年 9 月 30 日，

4. 李建緯教授，〈符號學是什麼？從藝術作品談起〉，《暨大電子雜誌》，第 40 期，2006 年 5 月。

5. 李鎧揚，〈日治前期臺灣公學校的經費籌措與財務運作(1898～1920)〉，《臺灣文獻》第 64 卷第 1 期，2013 年 3 月。

6. 張淑媚、蔡元隆，〈日治後期校園忠君愛國思想的強化：以嘉義市初等學校為例〉，《臺北市立教育大學學報》，第 40 卷第 2 期，2009。

7. 梁秋虹，〈天皇的肖像〉，《攝影之聲：太陽旗下的凝視 日本時代臺灣寫真帖特輯》第 12 期，2014。

8. 莊幸如，〈臺灣日據時代之教育敕語實行——以公學校修身科為中心〉，私立淡江大學日本研究所碩士論文，2004。

9. 陳怡碩，〈1940 年代高雄中學附近的地理環境與校舍環境的變遷〉，《雄中學報》第 10 期，2007。

10. 陳美惠，〈鹽水公學校內奉安庫之歷史意涵〉，《臺灣風物》，第 57 卷第 3 期，2007。

11. 黃皓陽，〈神宮大麻奉齋殿〉，《臺灣學通訊》第 109 期，2016。

12. 樋浦鄉子，〈從臺南市新化區的學校史觀察臺灣的「御真影」〉，《歷史臺灣：國立臺灣歷史博物館館刊》，第 17 期，2019。

13. 潘繼道，〈花蓮林田村日治時期「奉安庫」與「社日」遺跡踏查〉，《臺灣

文獻別冊 35》，2010。

14. 潘繼道，〈花蓮港廳壽小學校奉安殿遺跡〉，《臺灣文獻別冊 19》，2006。

15. 蔡金元，〈日本時代奉安庫之調查研究〉，中臺科技大學文教事業經營研究所碩士論文，2017。

16. 蔡錦堂，〈「紀元二千六百年」的日本與臺灣〉，《師大臺灣史學報》，第 1 期，2007 年 12 月。

17. 蔡錦堂，〈日本治臺時期「國民精神涵養」研究──以「教育敕語」與天皇・皇后「御真影」的探討為中心〉廈門：海峽兩岸臺灣史學術研討會會議論文，2004。

18. 蔡錦堂，〈日本統治初期公學校「修身」の一考察）〉，《淡江史學》，第 7～8 期，頁 207～216，1997。

19. 蔡錦堂，〈日治時期臺灣公學校修身教育及其影響〉，《師大臺灣史學報》，第 2 期，2009 年 3 月。

20. 蔡錦堂，〈教育勅語、御真影與修身科教育〉，《臺灣史學雜誌》，第 2 期。

21. 戴誌良，〈日本皇族來臺行跡與政治教化之研究〉，國立臺北教育大學臺灣文化研究所碩士論文，2015。

四、技術報告

1. 李建緯教授主持，嵐厝創意企業社執行，《苗栗縣中港慈裕宮文物（含一般古物）研究整理計畫成果報告》，苗栗縣政府國際文化觀光局委託，2017。

2. 徐明福主持，財團法人成大研究發展基金會執行，《高雄縣縣定古蹟旗山國小調查研究暨修復計畫》，高雄縣政府委託，2005。

3. 徐慧民主持，國立雲林科技大學執行，《臺中市西區大同國民小學歷史建築調查研究計畫》，臺中市文化局委託，2008。

4. 陳柏年主持，《彰化縣歷史建築二林國小禮堂調查研究報告書》，彰化縣文化局委託，2005。

5. 陳柏年主持，《歷史建築臺中一中校史館調查研究暨修復再利用計畫》，國立臺中第一高級中學委託，2012。

6. 陳柏年主持，陳柏年建築事務所執行，《彰化縣歷史建築二林國小禮堂調查研究報告書》，彰化縣文化局委託，2005。

7. 陳柏年主持，陳柏年建築事務所執行，《彰化縣歷史建築溪湖國小校門暨禮堂調查研究報告書》，彰化縣文化局委託，2008。

8. 陳啟仁主持，《高雄市市定古蹟打狗公學校調查研究及修復計畫：期末報告書》，高雄市政府文化局委託，2008。

9. 黃俊銘主持，中原大學執行，《臺中市定古蹟后里張天機宅調查研究及修復再利用計畫》，臺中市文化局委託，2013。

10. 劉金昌主持，劉金昌建築師事務所執行，《高雄縣縣定古蹟旗山鎮舊鼓山國小第四期復修工程工作報告書》，高雄縣政府委託，2008。

11. 蔡金元主持，嵐厝企業社創意執行，《106～107 年度新竹市古蹟及歷史建築傳世文物普查計畫（一）北區》，新竹市文化局委託，2018。

12. 蔡金元主持，嵐厝創意企業社執行，《106～107 年苗栗縣建校百年以上學校文物普查建檔計畫》，苗栗縣政府國際文化觀光局委託，2018。

13. 蔡金元主持，嵐厝創意企業社執行，《106 年度嘉義縣新港鄉文物普查登錄建檔計畫》，嘉義縣文化觀光局委託，2018。

14. 蔡金鼎主持，嵐厝創意企業社執行，《苗栗縣苗栗市等六鄉鎮古文物普查計畫》，苗栗縣政府國際文化觀光局委託，2016。

15. 蔡金鼎主持，嵐厝創意企業社執行，《苗栗縣泰安鄉等六鄉鎮古文物普查計畫》，苗栗縣政府國際文化觀光局委託，2017。

16. 蔡金鼎主持，嵐厝創意企業社執行，《苗栗縣頭份鎮等六鄉鎮古文物普查計畫》，苗栗縣國際文化觀光局委託，2015。

17. 蔡金鼎主持，嵐厝創意企業社執行，《臺中市古物研究計畫成果報告書》，臺中市文化局委託，2010。

18. 蔡金鼎主持，嵐厝創意企業社執行，《臺中縣古蹟內古物普查計畫成果報告書》，臺中縣文化局委託，2010。

19. 蔡錦佳主持，東華印刷廠執行，《屏東縣第一階段文物普查專案管理計畫》，屏東縣文化資產保護所委託，2018。

20. 盧泰康主持，國立臺南藝術大學藝術史學系執行，《雲林縣褒忠鄉馬鳴山鎮安宮（五年千歲）重要文物登錄與初步研究計畫》，馬鳴山鎮安宮，2016。

五、網路資料

1. 簡慧珍，〈百年小學奉安庫　見證日據教育敕語〉，《聯合報電子報》，2017年11月13日。

2. 吳俊鋒，〈日據奉安庫　見證龍船分校史〉，《自由時報電子報》，2008年01月29日。

3. 張潼、黃意涵，〈雙甲子　士林國小鎮校寶　千金不換〉，《中時電子報》，2015年05月31日。

4. 陳宏瑞，〈學籍保險箱　見證百年校史〉，《蘋果日報電子報》，2014年12月05日。

5. 吳淑玲，〈臺南新化國小120歲　骨董奉安庫鎮校〉，《聯合報電子報》，2017年9月7日。

6. 洪美秀，〈竹市最老！新竹國小120年校慶　週六展出日皇設校詔書〉，《自由時報電子報》，2017年11月8日。

7. 孟慶慈，〈南市立人國小奉安室　重見天日〉，《自由時報電子報》，2008年05月17日。

8. 王捷，〈走過「去日本化」歷史　臺南重作神社考察〉，《自由時報電子報》，2016年06月07日。

9. 洪美秀，〈竹市最老！新竹國小120年校慶　週六展出日皇設校詔書〉，《自由時報電子報》，2017年11月8日。

10. 謝珮琪，〈蔡英文慰問日本水災　安倍晉三中文發推特：衷心感謝〉，《ETtoday新聞雲》，2018年7月10日。

六、電子資料庫

1. 中山女高，http://www2.csghs.tp.edu.tw/default.asp

2. 中央研究院近代史研究所——近現代人物資訊整合系統，http://mhdb.mh.sinica.edu.tw/mhpeople/

3. 中央研究院臺灣史研究所——臺灣史檔案資源系統，http://tais.ith.sinica.edu.tw/sinicafrsFront/index.jsp

4. 中央研究院臺灣史研究所——臺灣研究古籍資料庫，http://rarebooks.ith.sinica.edu.tw/sinicafrsFront99/index.htm

5. 文化部文化資產局——國家文化資產網，https://nchdb.boch.gov.tw/

6. 亞洲歷史資料中心，https://www.jacar.go.jp/chinese/

7. 地球上的火星人——下巴（野地旅），http://theericel.blogspot.com/

8. 百年風華憶今昔，http://library.taiwanschoolnet.org/cyberfair2016/shps/narrative.htm

9. 典藏臺灣 Taiwan Digitalarchives，http://digitalarchives.tw/

10. 宜蘭人文知識數位資料庫，http://ylhm.e-land.gov.tw/

11. 明治神宮，http://www.meijijingu.or.jp/

12. 花蓮阿榮的花蓮人文、美食情報情報站，https://blog.xuite.net/d0963064845/twblog1

13. 苗栗縣政府文化觀光局——苗栗歷史老照片，http://lib.mlc.gov.tw/webmlh/

14. 國立臺灣歷史博物館——校園生活記憶庫，https://school.nmth.gov.tw/index

15. 國史館臺灣文獻館——臺灣總督府檔案，http://ds3.th.gov.tw/ds3/app000/

16. 國立公共資訊圖書館全球資訊網——數位典藏，http://das.nlpi.edu.tw/cgi-bin/gs32/gsweb.cgi/login?o=dwebmge&cache=1555393050208

17. 國立臺南生活美學館，https://www.tncsec.gov.tw/home

18. 國立臺灣大學——數位典藏網——日治時期繪葉書，http://cdm.lib.ntu.edu.tw/cdm/landingpage/collection/card

19. 國立臺灣大學圖書館——臺灣舊照片資料庫，http://photo.lib.ntu.edu.tw/pic/db/oldphoto.jsp

20. 國立臺灣圖書館——日治時期期刊影像系統，http://stfj.ntl.edu.tw/cgi-bin/gs32/gsweb.cgi/login?o=dwebmge&cache=1555392794352

21. 國立臺灣圖書館——日治時期圖書影像系統，http://stfj.ntl.edu.tw/cgi-bin/
gs32/gsweb.cgi/login?o=dwebmge&cache=1554877438099

22. 國立臺灣歷史博物館——校園生活記憶庫，https://school.nmth.gov.tw/
index

23. 國立臺灣歷史博物館典藏網，https://collections.culture.tw/nmth_collect
ionsweb/AAA/collections_Search.aspx。

24. 國家教育研究院——百年老校，http://school.naer.edu.tw/book.php?page_
id=8

25. 國家圖書館——臺灣記憶，http://memory.ncl.edu.tw/tm_cgi/hypage.cgi

26. 臺南市文化資產管理處，http://tmach-culture.tainan.gov.tw/

27. 臺灣日日新報（漢珍版），http://p81-tbmc.nlpi.edu.tw.eproxy.nlpi.edu.tw:
2048/

28. 臺灣臺南地方法院，http://tnd.judicial.gov.tw/hs/index.asp

29. 臺灣數位文化中心，http://digitalculture.tw/

30. 數位臺灣客家庄，https://archives.hakka.gov.tw/

31. 蕃薯寮公學校風華再現——主題網站——旗山國小，http://www.qsp.ks.
edu.tw/2015cishan/main.htm

32. 歡迎光臨文化寶山——文物古器，http://www.cc.chu.edu.tw/~u8817061/
all5.ht

33. 靖國神社，https://www.yasukuni.or.jp/

附錄一：奉安分布（日治時期五州三廳）

附錄二：類型排列（部分圖照引自網路）

	明治時期	大正時期	昭和時期
單開奉安庫	有敕語謄本與御真影賜下紀錄，但無明確的奉安設備置	苗栗山腳公學校	新港奉天宮　　虎尾合同廳舍
雙開奉安庫		臺中第一中學校	臺北第三高等女學校　　竹南公學校

奉安室/所	臺南地方學校	宜蘭公學校　寶公學校　臺北高等學校　新竹公學校　臺南高等工業學校
奉安殿		臺北高等商業學校　臺北壽小學校　新化小學校

單開春安庫	不　明			
新北山腳公學校	新店公學校	寶山公學校	峨眉公學校	鹿港公學校
彰化公學校	新港公學校	溪湖公學校	西螺公學校	小梅公學校
嵩昌公學校	內埔公學校	枋寮公學校	鹽水港公學校	龍崎公學校

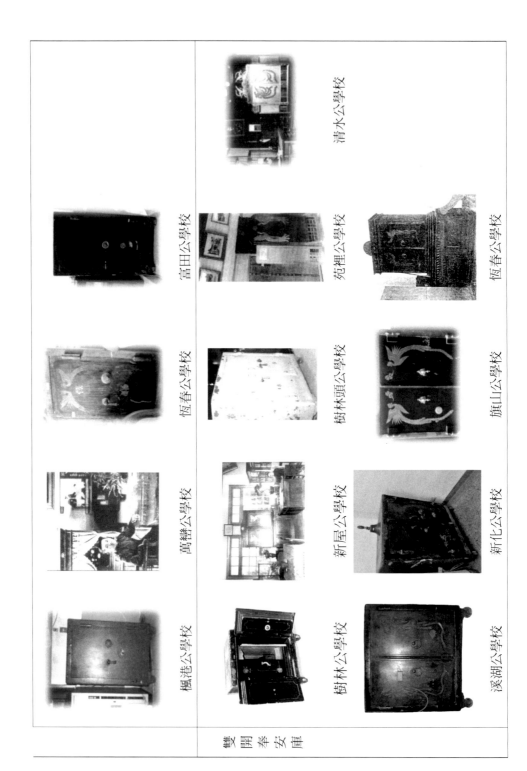

奉安室／所	 南門小學校	 苗栗公學校	 臺中師範學校	 高雄小學校	 林田小學校
奉安殿	 花蓮港高等女學校	 花蓮港廳立農林學校			

附錄三：總清冊

序	行政區	單位	敕語奉戴	御真影奉戴	單開櫃	雙開櫃	奉安室／所	奉安殿	臺灣日日新報	日治時期文獻	技術報告	校史專輯	專書期刊	網路資料	新聞	田野調查	文資身分	備註
1.	基隆	五堵公學校	●		昭和14年（1939）敕語奉安庫				●									
2.	基隆	瑪陵公學校	●		昭和14年（1939）敕語奉安庫費用900圓				●									

											廢校
3.	基隆	瀧川公學校	昭和 14 年（1939）			●		禮堂			
4.	基隆	壽公學校	昭和 9 年（1934）		●						
5.	基隆	寶公學校	昭和 10 年（1935）		●						
6.	基隆	基隆第一小學校	大正 4 年（1915）			●					
7.	基隆	日新小學校	昭和 8 年（1933）	●				禮堂			
8.	基隆	基隆中學校	昭和 10 年（1935）		●						
9.	基隆	基隆高等女學校	昭和 3 年（1928）	●			●				
10.	新北	新店公學校		●		●					
11.	新北	樹林公學校				●			●		
12.	新北	山腳公學校		●		●					
13.	新北	深坑公學校	明治 33 年（1900）	●		●					
14.	新北	金瓜石小學校	大正 4 年（1915）	●				御真影 禮堂			

編號	地區	學校	設立年代	備註		禮堂							廢校
15.	新北	新莊小學校	昭和3年（1928）					●					
16.	臺北	八芝蘭公學校	昭和6年（1931）		●	●				●		●	
17.	臺北	大橋公學校	昭和9年（1934）							●			
18.	臺北	松山公學校	昭和9年（1934）							●			
19.	臺北	老松公學校	昭和3年（1928）				●						
20.	臺北	龍山公學校	昭和3年（1928）				●						
21.	臺北	日新公學校	昭和9年（1934）			●				●			
22.	臺北	太平公學校	昭和3年（1928）		●		●		●				
23.	臺北	蓬萊公學校	昭和3年（1928）				●						
24.	臺北	大龍峒公學校	昭和3年（1928）				●						
25.	臺北	朱厝崙公學校	昭和3年（1928）				●						
26.	臺北	東園公學校	昭和3年（1928）				●						
27.	臺北	臺北市壽小學校	大正6年（1917）	昭和4年（1929）御真影奉安殿			●				●		

	學校名稱	年代
28.	臺北 南門小學校	大正6年（1917）
29.	臺北 淡水小學校	
30.	臺北 末廣小學校	明治42年（1909）
31.	臺北 旭小學校	明治43年（1910）
32.	臺北 建成小學校	大正13年（1924）
33.	臺北 樺山小學校	大正6年（1917）
34.	臺北 錦小學校	昭和12年（1937）
35.	臺北 板橋小學校	昭和12年（1937）
36.	臺北第二中學校	昭和3年（1928）
37.	臺北第一高等女學校	昭和3年（1928）
38.	臺北第三高等女學校	明治30年（1897）昭和3年（1928）
39.	臺北高等商業學校	大正9年（1920）

番號	地點	施設名	建立年						禮堂御真影奉安室		
40.	臺北	臺北高等學校	昭和3年（1928）					●			
41.	臺北	臺北第一高等女學校	大正4年（1915）					●	●		
42.	臺北	臺北第一中學校	明治42年（1909）						●		
43.	臺北	臺北醫專學校	大正4年（1915）						●		
44.	臺北	臺北第一師範學校	昭和3年（1928）						●		
45.	臺北	臺北第二師範學校	昭和3年（1928）						●		
46.	臺北	臺北工業學校	昭和3年（1928）						●		
47.	臺北	臺北帝國大學	昭和11年（1936） 昭和3年（1928）			●	●				
48.	臺北	總督府	●						●		
49.	臺北	高等法院	●						●		
50.	臺北	臺北地方法院	●						●		
51.	臺北	警官練習所	●						●		

編號	縣市	校名	設置年代	備註
52.	臺北	臺北州廳		
53.	苗栗	鶴岡公學校南河分校		
54.	苗栗	三叉公學校	昭和3年（1928）	
55.	苗栗	南庄公學校		
56.	苗栗	苑裡公學校		
57.	苗栗	中港公學校	明治32年（1899）／明治42年（1909）	昭和11年（1935）御真影奉安庫（敕語奉遷至此）
58.	苗栗	三灣公學校		
59.	苗栗	四湖公學校		
60.	苗栗	鶴岡公學校		昭和4年（1929）前庄長徐定標與現任

61.	苗栗	公司寮公學校					庄長黃玉盛 ●				●	●			
62.	苗栗	後壠公學校					●					●			
63.	苗栗	山腳公學校					●（校長購置）					●			
64.	苗栗	苗栗第一公學校		昭和11年（1936）					●	昭和9年（1934）花費2800圓		●	●		
65.	苗栗	公館公學校	●				昭和4年（1929）前庄長徐定標與現任庄長黃玉盛		●					●	
66.	苗栗	苗栗小學校		昭和11年（1936）										●	
67.	苗栗	竹南小學校							禮堂			●			廢校
68.	桃園	茉屋公學校				●									●

No.		學校	年代								室內櫃
69.	桃園	桃園公學校		●		御真影奉安所費用1000圓		●			
70	桃園	中壢公學校				●			●		
71	桃園	新屋公學校	大正8年（1919）			教語奉安庫花費295圓				●	
72	桃園	桃園小學校		●				●			
73	新竹	新竹公學校	大正4年（1915）	●		昭和13年（1938）御真影奉安室寄附		●	●		●
74	新竹	寶山公學校			●					●	
75	新竹	峨眉公學校			●				●		
76	新竹	新埔公學校				●		●		●	
77	新竹	樹林頭公學校				●			●		
78	新竹	竹東公學校	明治32年（1899）			昭和11年（1936）／昭和11年（1936）		● ●	●		

編號	地區	學校	年代	備註
79.	新竹	新竹小學校	大正4年（1915）	昭和15年（1940）御真影奉安室奉安費用預計5000圓 ●
80.	新竹	竹東小學校	●	廢校　寄附　●　●
81.	新竹	新竹高等女學校	昭和3年（1928）	禮堂　●
82.	新竹	新竹中學校	昭和3年（1928）	●
83.	新竹	新竹州廳	●	●
84.	南投	名間公學校	御真影奉安庫寄附　●	●
85.	南投	新庄公學校	昭和4年（1929）敕語奉安庫寄贈	●
86.	南投	土城公學校		禮堂　●
87.	南投	碧峰公學校		禮堂　●

No.	地區	學校	年代									
88.	南投	南投公學校	昭和11年(1936)					●				
89.	南投	集集小學校	昭和11年(1936)					●				
90.	南投	南投小學校	大正4年(1915)			●						
91.	南投	埔里小學校	昭和3年(1928)			●						
92.	彰化	溪湖公學校	●			●			御真影奉安附寄2000圓			
93.	彰化	楠公學校	昭和11年(1936)	●	●	●	●					
94.	彰化	旭公學校	昭和14年(1939)							●		
95.	彰化	新港公學校		●				●				
96.	彰化	溪湖公學校		●	●				●			
97.	彰化	彰化女子公學校	●						昭和11年(1936) 敕語奉安庫			
98.	彰化	員林公學校	昭和11年(1936)			●	●					

編號	地區	校名	年代	備註
99.	彰化	二林公學校	明治 40 年（1907）	●
100.	彰化	鹿港公學校		●
101.	彰化	芬園公學校		禮堂　昭和 12 年（1937）御真影奉安殿 ●
102.	彰化	田中公學校	昭和 11 年（1936）	●
103.	彰化	和美公學校	昭和 11 年（1936）	●
104.	彰化	北斗公學校	昭和 14 年（1939）	●
105.	彰化	員林小學校	昭和 10 年（1935）	●
106.	彰化	北斗小學校	昭和 14 年（1939）	●
107.	彰化	彰化小學校	大正 4 年（1915）	●
108.	彰化	彰化高等女學校	大正 9 年（1920）	●
109.	臺中	豐原男子公學校	昭和 10 年（1935）	御真影奉安庫 ●

110.	臺中	梧棲公學校			●		●	
111.	臺中	神岡公學校			●		●	
112.	臺中	清水公學校	昭和12年（1937）		●●		●	
113.	臺中	東勢公學校	昭和11年（1936）		●			
114.	臺中	豐洲公學校			●		●	
115.	臺中	幸公學校	昭和11年（1936）		●			
116.	臺中	曙公學校	昭和14年（1939）	禮堂	●			
117.	臺中	瑞穗公學校	●	御真影奉安殿	●	●	●	
118.	臺中	明治小學校	大正4年（1915）		●		●	
119.	臺中	清水小學校	昭和12年（1937）			●		
120.	臺中	臺中第二小學校	大正14年（1925）			●		
121.	臺中	豐原小學校	昭和3年（1928）			●		
122.	臺中	東勢小學校	昭和3年（1928）			●		

123.	臺中	村上公學校		昭和8年（1933）					●					
124.	臺中	臺中州立農業學校				●			●					
125.	臺中	臺中第一中學校	大正4年（1915）	大正5年（1916）	禮堂	●	●		●	●	●			
126.	臺中	臺中第二中學校		昭和6年（1931）					●					
127.	臺中	臺中商業學校		昭和6年（1931）					●					
128.	臺中	臺中高等女學校		昭和6年（1931）		●			●					
129.	臺中	臺中師範學校		昭和3年（1928）			●	●						
130.	臺中	臺中地方法院		●				●						
131.	臺中	臺中州廳		●				●						
132.	臺中	臺中市役所		●				●						
133.	雲林	西螺公學校			●		●							
134.	雲林	他里霧公學校	明治34年（1901）					●						

	縣	校名	年代									
135.	雲林	嵩崙公學校			●			●				●
136.	雲林	北港家政女學校								●		
137.	雲林	虎尾合同廳舍			●						●	
138.	嘉義	水上公學校	明治 36 年（1903）●	敕語奉安庫			●					
139.	嘉義	新港公學校		●		●			●			
140.	嘉義	民雄公學校	明治 36 年（1903）			●						
141.	嘉義	小梅公學校			●			●				
142.	嘉義	旭小學校	大正 4 年（1915）		●	●	●					
143.	嘉義	斗六小學校	大正 14 年（1925）			●						
144.	嘉義	嘉義中學校	昭和 3 年（1928）	禮堂								
145.	嘉義	嘉義高等女學校	大正 11 年（1922）	昭和 3 年（1928） 昭和 10 年（1935）			●	●				
146.	嘉義	嘉義農林學校	大正 14 年（1925）			●						
147.	嘉義	新港奉天宮			●							

編號	地區	校名									備註
148.	臺南	龍船公學校	●						●		
149.	臺南	新化公學校	●						●		
150.	臺南	寶公學校	●			●			●		
151.	臺南	鹽水港公學校		明治42年（1909）	大正5年（1916）		●				
152.	臺南	菁寮公學校			寄附192圓		●				
153.	臺南	蔴豆小學校					●				
154.	臺南	臺南南門小學校						昭和3年（1928）御真影奉安室	●		
155.	臺南	佳里小學校		昭和18年（1933）				昭和8年（1933）御真影奉安殿	●		併校遷移
156.	臺南	新營小學校		昭和7年（1932） 昭和4年（1929）御真影奉安庫				昭和7年（1932）御真影奉安殿 寄附2000多圓	●	●	校舍炸毀

No.	地點	名稱	設立年	奉安年	備註	殿內櫃
157.	臺南	花園小學校	明治 32 年（1899）	大正 4 年（1915）		●
158.	臺南	新化小學校		昭和 7 年（1932）	昭和 6 年（1931）費用 898 圓	●
159.	臺南	臺南第一中學校	大正 3 年（1914）	大正 4 年（1915）		
160.	臺南	臺南第二高等女學校		昭和 3 年（1928）	昭和 9 年（1934）御真影奉安所 ●	
161	臺南	臺南第一高等女學校		大正 7 年（1918）	昭和 4 年（1929）●	
162.	臺南	臺南第二中學校		昭和 3 年（1928）	御真影奉安殿 2500 圓（校長室） 禮堂	
163.	臺南	臺南高等工業學校		昭和 9 年（1934）	禮堂	
164.	臺南	臺南師範學校		大正 13 年（1924）		
165.	臺南	臺南地方法院		●		●

編號	地區	校名	備註
166.	臺南	臺南州廳	
167.	屏東	潮州公學校	昭和5年（1930）救語奉安所
168.	屏東	車城公學校	
169.	屏東	恆春公學校	明治35年（1902）／昭和5年保正童金附救語奉安庫
170.	屏東	阿里港公學校	
171.	屏東	日出公學校	
172.	屏東	竹國公學校	
173.	屏東	內埔公學校	
174.	屏東	萬巒公學校	
175.	屏東	楓港公學校	

	縣市	學校名稱											備註		
176.	屏東	枋寮公學校		●								●			
177.	屏東	屏東公學校	昭和3年（1928）					●							
178.	屏東	大宮公學校	昭和14年（1939）						●						
179.	屏東	屏東第一小學校	大正4年（1915）			●									
180.	屏東	潮州小學校		●		●							昭和5年（1930）救護奉安所		
181.	屏東	榮小學校			●					●					
182.	屏東	屏東農業學校	昭和8年（1933）									●			
183.	屏東	屏東高等女學校	昭和10年（1935）									●			
184.	高雄	高雄第一公學校	明治33年（1900）								●				
185.	高雄	旗山第一公學校	●	●		● ● ●					●		禮堂		

編號	地區	校名	年代									備註
186.	高雄	仕隆公學校		●						●		
187.	高雄	田寮公學校		●							●	
188.	高雄	鳳山小學校	昭和 12 年（1937）									
189.	高雄	高雄第一小學校	明治 43 年（1910）　大正 4 年（1915）　昭和 4 年（1929）御真影奉安庫費用 2354 圓　昭和 8 年（1933）禮堂　昭和 4 年（1929）費用 4175 圓			●	●	●		●		
190.	高雄	高雄第二小學校	昭和 3 年（1928）　昭和 4 年（1929）御真影奉安庫費用 2448 圓				●					
191.	高雄	高雄第一中學校	昭和 3 年（1928）　昭和 4 年（1929）御真影奉安殿				●					遺址
192.	高雄	高雄第一高等女學校	昭和 3 年（1928）　昭和 3 年（1928）				●					
193.	高雄	高雄工業學校	昭和 15 年（1940）			●						

編號	地區	機關/學校	設置年代	備註	遺址
194.	高雄	高雄州廳	●		
195.	宜蘭	宜蘭公學校	昭和14年（1939）	昭和14年（1939）禮堂內御真影奉揭所	
196.	宜蘭	宜蘭小學校	大正4年（1915）	禮堂	
197.	宜蘭	順安公學校		禮堂	
198.	宜蘭	宜蘭農林學校	昭和3年（1928）		
199.	花蓮	富田公學校			
200.	花蓮	玉里公學校			
201.	花蓮	花蓮港公學校	明治39年（1906）	預御真影奉安殿	
202.	花蓮	豐田小學校	大正4年（1915）		
203.	花蓮	林田小學校	大正4年（1915）		●
204.	花蓮	玉里小學校	大正4年（1915）	御真影奉安殿	

編號	地區	名稱	年代			備註								改為土地公廟
205.	花蓮	花蓮港廳壽小學校				●						●		
206.	花蓮	吉野小學校	大正4年（1915）			禮堂		●						
207.	花蓮	新城小學校	昭和3年（1928）											
208.	花蓮	花蓮港小學校	大正4年（1915）				●							
209.	花蓮	花蓮港中學校	昭和13年（1938）		●	御真影禮堂	●					●		
210.	花蓮	花蓮港高等女學校	昭和6年（1931）		●		●					●		
211.	花蓮	花蓮廳立農林學校												
212.	花蓮	花蓮港廳		●							●			
213.	臺東	臺東公學校	明治39年（1906）	●		御真影＋敕語奉安殿	●		●					
214.	臺東	太麻里公學校					●							
215.	臺東	新開園公學校			●						●			
216.	臺東	臺東小學校	大正4年（1915）				●							

		大正4年 (1915)						御真影 奉安殿									
217.	臺東	臺東廳	●							●								
218.	澎湖	馬公小學校		大正4年 (1915)						●								
219	澎湖	澎湖廳	●							●